KÖNIGS FURT

福

Über dieses Buch

Alles, was du schon immer über die 64 magischen Zeichen des I GING wissen wolltest. Hier erfährst du es. Dieses Buch zeigt dir, wie du sie ermittelst und welche Antworten sie auf persönliche Lebensfragen geben. Du kannst sofort mit der Befragung beginnen.

Über die Autorin

Rena Terhef widmet sich seit vielen Jahren der Welt der Mythologie und der Orakel. Insbesondere die Weisheit des I GING fasziniert sie sehr. Sie lebt als Texterin in Köln und schreibt (auch) Drehbücher.

Im Königsfurt Verlag ist bereits von ihr erschienen:

Tarot für Zauberhexen. ISBN 3-89875-505-3 (Buch)

ISBN 3-89875-504-5 (Buch & Karten im Set)

Rena Terhef

I Ging

Liebe · Glück · Erfolg

Königsfurt

Dieses Buch basiert auf dem Titel „I Ging für Zauberhexen“ von Rena Terhef.

Bibliographische Information Der Deutschen Bibliothek

Die Deutsche Bibliothek verzeichnet diese Publikation in der Deutschen Nationalbibliographie; detaillierte bibliographische Daten sind im Internet über http://dnb.ddb.de abrufbar.

Originalausgabe
Krummwisch bei Kiel 2005

D-24796 Krummwisch
www.koenigsfurt.com

Umschlag: Stefan Hose, Götheby-Holm
Satz: Satzbüro Noch & Noch, Balve
Druck und Bindung: Freiburger Graphische Betriebe, Freiburg

ISBN 13: 3-978-3-89875-755-3 (Buch & Münzen im Set)
ISBN 10: 3-89875-755-2 (Buch & Münzen im Set)

Inhaltsverzeichnis

Einführung

I Ging bedeutet **Buch der Wandlungen** und ist eine Sammlung uralter überlieferter Texte aus dem antiken China, die auf insgesamt 64 Zeichen mit speziellen Bezeichnungen basieren.

Diese Texte erfuhren über mehrere tausend Jahre eine stete Erweiterung. Sie bildeten eine außerordentlich wichtige Grundlage für die Regierung der chinesischen Herrscher und beeinflußten stark die chinesischen Philosophen wie zum Beispiel Konfuzius. Mehr dazu im folgenden Kapitel.

Das I Ging gelangte erst nach 1700 nach Europa und war damals nur wenigen Sinologen bekannt. Es war außerdem etwas berüchtigt für seine seltsamen »Zaubersprüche«. Daß es heute weltweit bekannt ist, verdanken wir Richard Wilhelm, der es in langen Studienjahren in China ins Deutsche übersetzt hat und 1924 in Jena veröffentlichte. Auf dieser Übersetzung, die größte Würdigung verlangt, beruht auch die vorliegende Einführung.

Das I Ging ist eines der faszinierendsten Bücher – es heißt, das älteste Buch der Welt – und sollte von möglichst vielen Menschen mit Respekt gelesen werden. Es kann von jedem Menschen befragt werden, weil es in seiner Urfassung ein universeller Text ist, der sich mit ständig präsenten Lebenssituationen befaßt. Es dient der unmittelbaren Konfrontation mit einem beliebigen Problem oder einer beliebigen Absicht und folgt dem Wunsch, dem Bewußtsein nicht zugängliche Bereiche zu erhellen. Die Wirkungsweise des I Ging kann mit Logik nicht erklärt werden, aber sie kann überprüft werden – indem das I Ging befragt wird. Mehr dazu im Kapitel *So wird das Orakel befragt*, S. 16.

Wissenswertes zum I Ging

Eine uralte Quelle der Weisheit

Im Verlauf von Jahrtausenden entstanden viele veränderte Fassungen des erhabenen I GING. Über dreitausend Jahre lang brachten chinesische Kaiser und Fürsten, Philosophen und Literaten ihre Erkenntnisse in das I GING ein, immer in dem Bemühen um Weisheit.

Vermutlich reicht der Ursprung des I GING sogar in eine vorgeschichtliche Zeit zurück. Außerdem ist es möglich, daß das I GING auch noch in anderen Kulturen als der chinesischen entstanden ist.

Das I GING ist ein außergewöhnliches und ein legendäres Buch. Es gehörte in China zum klassischen Lesepensum des Konfuzianischen Schülers. Doch vor allem hat es sich als uraltes Orakelbuch verdient gemacht.

Bereits in ihren Anfängen wurde die chinesische Literatur von Orakelfragen geprägt. Die Hofwahrsager der Schang-Yin-Könige, etwa dreitausend Jahre vor unserer Zeitrechnung, haben Fragen in Schildkrötenpanzer oder Tierknochen eingeritzt. Diese wurden ins Feuer geworfen oder mit einem heißen Kupferstab durchbohrt. So entstanden Sprünge und Risse, die gedeutet werden konnten. Man nahm an, daß die verstorbenen Ahnen auf diese Weise eine Antwort gaben.

Die mit Hilfe des I GING gewonnenen Erkenntnisse spiegeln ein sehr weites Spektrum menschlicher Erfahrungen und Ereignisse wider: militärische Strategien, sakrale Handlungen, Freundschaften und Heiraten, die Einstellung eines Beamten oder die mystische Schau der Gestirne. Dabei hat das BUCH DER WANDLUNGEN solche Erkenntnisse gefördert. Diese Erkenntnisse sind erneut interpretiert worden und in das I GING eingeflossen. Das Buch der Wandlungen dokumentiert die Kommunikation und Reflexion chinesischer Herrscher mit ihren Ratgebern, und der Dialog, in den Ratsuchende mit dem I GING treten, wird bis heute weitergeführt.

Mensch und Natur

Die Verbindung von Himmel und Erde als Grundlage jeglichen Denkens gehört zum traditionellen Erbe der chinesischen Kultur. So waren die chinesischen Herrscher stets erfüllt von großer Besorgnis, ihr führendes MANDAT DES HIMMELS zu verlieren, wenn sie nicht gewissenhaft auf die TUGEND achteten. Im Falle eines Niedergangs solcher Tugendhaftigkeit hätte der Himmel seinen Unwillen zeigen können, indem das Herrscherhaus möglicherweise verarmte oder Naturkatastrophen hereinbrachen. Der chinesische Kaiser galt als HIMMELSSOHN, als Vermittler zwischen Himmel und Erde, etwa vergleichbar dem ägyptischen Pharao. Auch in China gab es einen gewaltigen Beamtenstab, der auf eine gemeinsame Linie eingeschworen werden mußte. Dazu dienten als Stützpfeiler die großen Werke der chinesischen Literatur wie z. B. das BUCH DER RITEN, das BUCH DER DOKUMENTE oder das BUCH DER WANDLUNGEN, das aus dem das KÄSTCHEN MIT DEN METALLSPANGEN hervorgegangen sein mag. Letzteres wird im BUCH DER DOKUMENTE erörtert und offenbart magisches Denken in Übereinstimmung mit den historischen Geschehnissen.

Es ist eine große Leistung der chinesischen Kultur, Naturgeschehen wie z. B. die Jahreszeiten sowohl als irregulär als auch als fest und ordnend zu begreifen und die Ambivalenz zu suchen. Die Natur wurde als mächtig erkannt, und in ihr wurden Vorbilder für Strukturen gesucht, anhand derer der Mensch Entscheidungen treffen konnte. Die kulturellen Leistungen des Menschen erscheinen daher nur beiläufig im I GING und werden mit dem Wirken der Elemente in Verbindung gesetzt.

Das I GING beginnt wie die Bibel mit den Uranfängen des Lebens, indem es im ersten und zweiten Zeichen sowohl den HIMMEL (als das schöpferische Element) als auch die ERDE (als das empfangende Element) beschreibt.

Schnell erkennt man ein starkes Leitmotiv: die Beobachtung der Natur und ihrer Erscheinungen wie Wasser, Wind, Wolken, Himmel, Erde, See, aber auch großer Gefahren wie z. B. Überschwemmungen. Immer wieder wird im I GING auf eine Versöhnung der Gegensätze verwiesen, auf eine Harmonisierung entgegengesetzter Kräfte.

In fast allen Bildern des I GING werden die Naturerscheinungen als ein mit höchster Konzentration beobachtetes Spiel der Kräfte geschildert. Verneigung vor Natur und Kultur und den geheimnisvollen unsichtbaren Kräften – das scheint der große Auftrag des BUCHS DER WANDLUNGEN zu sein.

Yin und Yang

Es gibt viele Wege, mit dem erhabenen I GING zu leben. Manche schlagen es nur einmal im Jahr auf. Voll Ehrfurcht! Für andere ist es ständig präsent, weil sie Schwierigkeiten haben, ohne dessen Inspiration an einem geradlinigen Weg festzuhalten, sie aber einen solchen Weg für erstrebenswert und wertvoll halten.

KONFUZIUS (ca. 551–479 v. Chr.), der das erhabene I GING ORAKEL hütete und studierte, soll geäußert haben, daß eine Person, die sich beständig und ernsthaft mit dem erhabenen I GING befasse, höchste kreative Bewußtheit erreiche. Kreative Bewußtheit wird in der chinesischen Philosophie von einem bloßen kreativen Verständnis oder dem simplen Wunsch, kreativ zu sein oder etwas zu gestalten, unterschieden. Es bedeutet vielmehr, sich ganz in das Zentrum schöpferischer Energie zu bewegen.

Nach den Erkenntnissen der ganzheitlichen chinesischen Philosophie ist der Mensch in der Lage, sich sowohl dem Kreis des Lebens als auch dem Kreis des Todes anzuschließen. Eine Störung der Balance im körperlich-seelischen Bereich zerstöre nach und nach die Verbindung zum Lebenskreis. Die fünf Elemente gelten als Hüter dieses Kreises: Metall, Feuer, Wasser, Erde und Holz. Sie beherrschen die gesamte Traditionelle Chinesische Medizin (TCM) und die Ernährung bis hin zur Psychologie.

Es gibt zwei machtvolle Zentren: das **Wu Chi** (null) oder *Uranfang* und das **Tai Chi** (eins). Das Wu Chi entspricht dem Urzustand und wird als schwarz ausgemalter Kreis dargestellt.

Wu Chi repräsentiert reine Bewußtheit, ist ohne Form, undefinierbar und unendlich. Es läßt sich mit dem Tiefschlaf, in dem dennoch Bewußtheit liegt, vergleichen und ist reine Achtsamkeit. Hier entspringt kreative Energie. In Verbindung mit dem Wu Chi zu sein heißt für den Menschen, im **Tao** zu sein. Wenn sich der Mensch in Übereinstimmung mit dem Tao befindet, erwächst Kreativität. Im Sinne der chinesischen Philosophie ist Kreativität höchste Wahrnehmung und Bewußtheit. Sie findet überall und in allem statt, z. B. beim Teetrinken oder beim Gärtnern. Sie liegt in der Architektur, aber auch in der Kunst und im Alltag verborgen. Diese Auffassung von Kreativität wird auch von anderen asiatischen Völkern, z. B. Japanern und Koreanern, geteilt.

Tai Chi heißt eigentlich *Firstbalken* und wird als eine einfache Linie dargestellt. Eine Linie grenzt zwei Bereiche voneinander ab, und damit wird Unterscheidung möglich. Das uns bekannte Symbol von **Yin und Yang** ist durch eine solche Linie gekennzeichnet. Yin entspricht dem schattigen, dunklen Platz, und Yang ist das Erhellte, von der Sonne Beschienene.

Hier kommt Unterscheidung und Dynamik ins Spiel. Wir Menschen sind Teil von Bewegung, selbst bei der Konsultation des erhabenen I Ging, das mit der Symbolik von Yin und Yang arbeitet. So symbolisieren Yin und Yang noch zwei weitere Dimensionen, nämlich Raum und Zeit. Viele Auskünfte sind an die Interpretation von Zeitverhältnissen gebunden, die von anderen Orakeln nicht in dieser

Intensität berücksichtigt werden. Dabei wird Raum von YIN und Zeit von YANG repräsentiert.
Im I GING erscheint YANG als gerade Linie und YIN als unterbrochene Linie (siehe S. 18–20). YANG weist beständig nach oben, YIN nach unten. YANG verläuft im Uhrzeigersinn, YIN entgegengesetzt. YANG repräsentiert das männliche Prinzip und gilt als hart, YIN repräsentiert hingegen das weibliche Prinzip und wird als weich empfunden.

Unterscheidung zieht Entscheidung nach sich. Hier beginnt der oft als schwierig empfundene Prozeß der Selbstorganisation, dem sich jeder Mensch unterziehen muß. Denn dies ist das Leben mit seinen Bedingungen. Selbstorganisation ist die Basis der Evolution. Doch der Lebensweg wird nicht von außen dirigiert, sondern unterliegt der Willenskraft des Individuums und setzt einen unendlich erscheinenden kreativen Prozeß in Gang. Innerhalb dieses Prozesses werden ständig Entscheidungen getroffen und Handlungen eingeleitet. Es ist jedoch die pure und spontane Improvisation, die verändert. Hier setzt das I GING an.

Bewußtes und Unbewußtes

Das I GING bezieht immer sehr viele Faktoren in seine knappe Antwort ein – vergleichbar unseren Träumen. Es weiß auch um Faktoren, die sich der bewußten Kenntnis entziehen. Jenseits unseres Bewußtseins liegt eine Wahrheit, die vielleicht bereits irgendwo stattgefunden hat. Daraus folgt, daß wir unbewußt sehr viel mehr wissen, als wir benennen können.

Das I GING beschreibt im übertragenen Sinne festgesetzte TRAUMBILDER, die auf acht Naturphänomene gründen: Erde, Donner, Wasser, See, Berg, Feuer, Holz und Himmel. Es beschreibt die jeweilige Relation zueinander und die Spannung, die darin enthalten sein kann. Das erhabene I GING ist an einer bewußten Kenntnisnahme des Träumers interessiert und agiert dennoch als Orakel aus dem Unbewußten des Ratsuchenden. Damit könnte die Aufgabe des erhabenen I Ging beschrieben werden, das versucht, innere Bilder – im Zusammenwirken mit sozialen Umständen – nach außen sichtbar werden zu lassen.

Indem wir das I Ging befragen, ehren wir ein uraltes Orakel, und wir erfahren etwas von dem Zauber, der ihm innewohnt. Wollen wir diesen zurückweisen, obwohl wir dadurch unsere Fragen wie auch unsere Antworten neu formulieren?

Wir betrachten ja auch staunend die funkelnden Sterne am Nachthimmel, obwohl uns die Wissenschaft längst bewiesen hat, daß sie gar nicht mehr existieren und schon vor Äonen erloschen sind. Wir sehen sie trotzdem, und in dunkler Nacht dienen sie dem einen oder anderen noch immer als Orientierung. So soll auch das Buch der Wandlungen – das erhabene I Ging – eine Orientierung sein.

So wird das Orakel befragt

Es gibt zwei Methoden, wovon hier nur das Befragen des Orakels mit Münzen genauer erklärt wird. Die andere Methode ist wesentlich langwieriger: Fünfzig Schafgarbenhalme werden immer wieder geteilt und aufgenommen, bis ein bestimmter Zahlenwert ein Hexagramm ergibt.

Die Konsultation des erhabenen I GING ORAKELS beginnt mit der verinnerlichten Fragestellung, die den Fragesteller beschäftigt. Diese Frage sollte möglichst nicht mit Ja oder Nein zu beantworten sein. Es wäre also weniger günstig zu fragen: »Wird dies oder jenes zum gewünschten Resultat führen?« Oder: »Wird diese Verabredung erfolgreich sein?« Obwohl meist auch auf diese Fragen eine gute Antwort gegeben wird. Es braucht ein bißchen Gewöhnung und Übung, um die Fragen so zu stellen, daß man eine ausführlichere Antwort erhält.

Langfristige Unternehmungen könnten z. B. so hinterfragt werden:

- Wie wird sich dieses oder jenes von mir geplante Unternehmen gestalten?

Da das I GING in bildhafter Sprache immer einen Wandel mit vielen Facetten und Begrenzungen beschreibt, darf es in der Fragestellung nicht eingeschränkt werden.

Eine gute Fragestellung wäre auch:

- Was kann ich tun, um mich in dieser Situation oder Problematik (oder gegenüber Person XY oder Entscheidung XY) am besten zu verhalten?

Weiterhin wird folgendes vorausgesetzt:

- Es handelt sich um eine wichtige Frage, deren Problem erkannt und vage erahnt wurde, oder um eine Entscheidung, die getroffen werden muß.

Um den Prozeß der Orakelbefragung zu verdeutlichen, könnte man sich vorstellen, daß die linke Gehirnhälfte mit der rechten kommuniziert. Das bewußte Denken nimmt Kontakt mit der unbewußten Wahrnehmung auf.

Die Konsultation sollte immer mit Ernsthaftigkeit aufgenommen werden.

Wer auch immer sich ernsthaft mit dem I GING beschäftigt hat, weiß, daß die Antworten des I GING außergewöhnlich präzise und aussagekräftig sind. Es fungiert nicht nur als Ratgeber, sondern dient – wie übrigens alle Orakel – in erster Linie einem Ziel: der **Selbsterkenntnis**.

Das Ziel des I GING ist es, den Fragesteller in den Zustand des TAO zu führen. Die verschiedenen Persönlichkeitsanteile sollen harmonisiert werden. Dieser innere Ausgleich wird auch als eine Bewegung vom SELBST zum EGO und umgekehrt vom EGO zum SELBST interpretiert.

Ein eher kopflastiger oder der Logik verpflichteter Typ wird zur Akzeptanz seiner intuitiven Seite bewegt und umgekehrt. Es gibt die Auffassung, daß das untere Trigramm die Haltung des Fragestellers zu seiner inneren Welt kennzeichnet und das obere Trigramm die Haltung zur äußeren Welt charakterisiert. Dabei liegt die Philosophie des erhabenen I GING in der Erkenntnis, daß die Veränderung der Haltung zur inneren und/oder äußeren Welt zu einer Veränderung der gesamten Lebensumstände führen kann. Eigentlich eine sehr einfache Erkenntnis, die von vielen geteilt wird.

Das Werfen der Münzen

Du hast **drei Münzen**, die im Prinzip jeder Währung angehören können, sofern sie über eine prägnante Kopf- und Zahlseite verfügen. Das ist sehr wichtig, denn beiden Seiten wird ein unterschiedlicher Zahlenwert zugeordnet (s. u.). Du kannst auch alte chinesische Münzen verwenden, die hier und da im Handel erhältlich sind. Dies hat den Vorteil, daß sie nicht irgendwo in der Geldtasche verschwinden, sondern nur für die Orakelbefragung verwendet werden.

Die drei Münzen zu diesem Buch haben folgende Seiten:

Zahlseite

Kopfseite

Wenn Stift und Papier zur Niederschrift der Zeichen bereitliegen, konzentrierst du dich noch einmal auf das, was dich beschäftigt, formulierst deine Frage, umfaßt die Münzen mit einer Hand oder mit beiden und wirfst sie dann auf eine ebene und freie Tischfläche, die du auch mit einem weichen Tuch bedecken kannst. **Insgesamt wirfst du sechs Mal.**

Jeder Wurf ergibt einen bestimmten Zahlenwert.

KOPF symbolisiert YANG (Himmel) und zählt 3.

ZAHL symbolisiert YIN (Erde) und zählt 2.

Folgende Würfe sind möglich:

3 × Zahl
2 + 2 + 2 = 6
Sechs ist eine bewegliche Yin-Linie, die sich in eine Sieben (Yang) verändert (s. u.).
Sie wird so notiert: — — ×

2 × Zahl plus 1 × Kopf
2 + 2 + 3 = 7
Sieben ist eine feste Yang-Linie, die sich nicht verändert.
Sie wird so notiert: ——
3 × Kopf
3 + 3 + 3 = 9
Neun ist eine bewegliche Yang-Linie, die sich zur Acht (Yin) verändert (s. u.).
Sie wird so notiert: —— ×

2 × Kopf plus 1 × Zahl
3 + 3 + 2 = 8

Acht ist eine feste Yin-Linie, die sich nicht verändert.
Sie wird so notiert: ▬ ▬

Beachte:
Eine Sechs ist eine veränderliche Yin-Linie, eine Neun ist eine veränderliche Yang-Linie. Die beweglichen Linien kennzeichnest du zusätzlich mit einem ×.

- **Nur zu beweglichen Linien erhältst du jeweils einen präzisen Hinweis oder Rat.**
- **Nur mit beweglichen Linien erhältst du ein zweites Hexagramm mit einer zusätzlichen Aussage.**

Nach jedem Wurf ermittelst du auf diese Weise den Wert. **Da du die Linien von unten nach oben notierst**, entsteht mit den ersten drei Würfen das untere Trigramm und mit den letzten drei Würfen das obere Trigramm.

Insgesamt gibt es acht TRIGRAMME. Die Yin-Trigramme bewegen sich abwärts, die Yang-Trigramme bewegen sich aufwärts.

Die Yin-Trigramme:

Wind	Feuer	See	Erde
Sun	*Li*	*Dui*	*Kun*

Die Yang-Trigramme:

Donner	Wasser	Berg	Himmel
Dschen	*Kan*	*Gen*	*Kien*

Beispiel

Mit folgenden Würfen entsteht das Hexagramm:

25 Ohne Absicht:

Erinnerung: Die Linien werden von unten nach oben notiert!
Dieses Hexagramm enthält zwei bewegliche Linien, neun und sechs,

⚊ × 9 und ⚋ × 6

zu denen jeweils ein zusätzlicher Hinweis gegeben wird. Außerdem sind es veränderliche Linien, so daß ein zweites Zeichen ermittelt werden kann.

25 Ohne Absicht WIRD ZU **33 Ausweichen:**

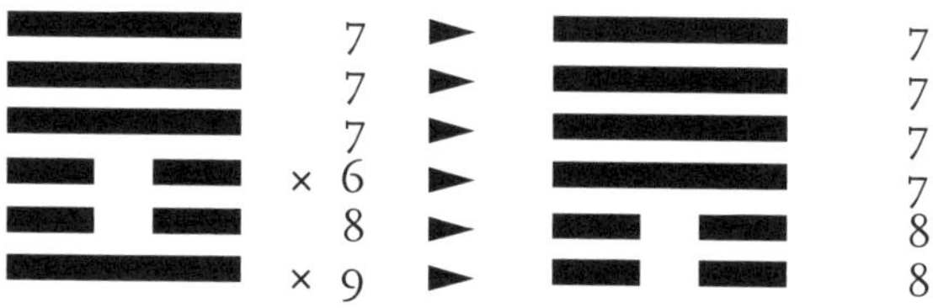

In diesem Fall liest du zuerst die Erläuterungen zu Hexagramm 25 sowie die Hinweise in den beweglichen Linien (erste und dritte Linie). Anschließend liest du die Erläuterungen zu Hexagramm 33 und den Abschnitt »Wenn du das Orakel als zweites großes Zeichen erhältst.«

Wenn du dich über einen längeren Zeitraum mit einem Problem befaßt, könnte es interessant sein, die Ergebnisse in einem Notizbuch festzuhalten. Vielleicht wäre es auch hilfreich zu notieren, in welcher Stimmung und unter welchen Bedingungen du deine Frage gestellt hast. Die

Orakel ändern sich und spiegeln deine eigenen inneren Veränderungen wider.

Die Bedeutung der Linien

Alle Linien haben einen speziellen Charakter und eine besondere Bedeutung. Allerdings könnte es dich eher verwirren, dich zu früh oder zu intensiv damit zu befassen.

Eigentlich handelt es sich sogar um SIEBEN LINIEN, wobei die SIEBTE LINIE eine unsichtbare ist, die sich zwischen den beiden Trigrammen befindet und dich und DEINEN WILLEN REPRÄSENTIERT.

Das ist schwer zu verstehen, wenn du dich nicht über einen sehr langen Zeitraum mit dem Orakel beschäftigt hast. Aber vergiß bei der Konsultation des Orakels deinen eigenen Willen nie. Erinnere dich immer an ihn und prüfe, ob er mit deinem bewußten *und* unbewußten Denken übereinstimmt. Wann immer du an dir selbst zweifelst, stelle dich innerlich auf diese unsichtbare siebte Linie und definiere dein Ziel. Erfülle es mit Willenskraft.

Die *unterste Linie,* die Grundlinie, bezieht sich auf die Außenwelt und die äußeren Umstände. Das gilt auch für die oberste, *sechste Linie,* die als Ergebnislinie bezeichnet wird. Die *zweite Linie* bezieht sich auf dein Denken, die *dritte* auf deine Gefühle und deine Motivation. Die *vierte Linie* wird als Körperlinie oder Platz des Karmas bezeichnet. Die *fünfte Linie* gilt als Herrscher des Zeichens. Ob es sich bei dieser um eine starke Yang-Linie oder eine schwache Yin-Linie handelt, kann eine Rolle bei der Bewertung spielen. Doch für diese Feinheiten ist ein intensiveres Studium des I GING notwendig. Für zusätzliche Kommentare sei die Ausgabe von Richard Wilhelm empfohlen.

Im vorliegenden Buch sind die Aussagen der jeweils herrschenden und bestimmenden Linien **fettgedruckt**. Sie können als **Kernaussage des Hexagramms** angesehen werden. Die Kernaussage kann auch dann zur Orientierung gelesen werden, wenn man nur ein unbewegtes Zeichen erhalten hat. Allerdings ist dieser Hinweis dann nur ein spekulativer.

Die 64 Orakel

1 Power

Kien: Der Himmel

Kien: Der Himmel

POWER erfüllt Zeit und Raum und bewirkt die Wahrnehmung der eigenen individuellen kreativen Kraft. Ziele erhalten Form und Substanz. Davon ohne Zweifel erfüllt zu sein, ist die Voraussetzung, um dauerhaft ein Ziel zu erreichen.

Wenn du das Zeichen Power erhältst, bekommst du einen Hinweis auf die große kreative Kraft – den Beginn aller Dinge – und auf die vorhandene Energie für ein wichtiges Ziel. Das erste Zeichen des erhabenen I Ging und das zweite – Rezeption – bilden Grundlage und Einführung in das I Ging. Hier erscheint die große Kraft der Willensbildung, der individuellen Absichten und des Handelns. Es ist ein hervorragendes Zeichen, das dir gute und erfolgreiche Perspektiven andeutet.

Das Bild

Du betrachtest den Himmel, der für dich ein Ebenbild des Universums ist. Er scheint voller Energien zu sein und unendlich bis zum Horizont zu reichen. Der Himmel bleibt unberührt von all dem, was auf der Erde ist, und existiert in seiner eigenen unerreichbaren Höhe und Stärke. So kann dir der Himmel als Vorbild dienen, dich nicht ablenken zu lassen und deine Kraft in dir selbst wahrzunehmen. Du bist in all deinen Bestrebungen aufgefordert, genau so stark zu sein, wie der Himmel dir erscheint. Von dir werden große Aufmerksamkeit, Freude und Stärke erwartet und die Fähigkeit, dich selbst zu spüren und zu ehren.

Liebe, Glück, Erfolg

LIEBE 愛

Ganz bei sich zu sein, das ist eine super Voraussetzung für starke Zuwendung – von dir zu anderen, von anderen zu dir. Du entfachst Kraft für zwei, und das wirkt Wunder. Du wirkst auf andere wie ein Magnet und kannst mit vielem rechnen...

GLÜCK 福

Sie naht – die ganz große Chance für deine Wünsche. Du findest in dir selbst Kraft, Energie, Kreativität. Vielleicht steht ein kurzfristiges Kräftemessen an, das mit Geschick und Taktik gut für dich ausgeht.

ERFOLG 富

Du könntest ein großes Ziel erreichen. Verschwende keine Gedanken an Mißerfolge. Sei energisch und nutze die Gunst der Stunde. Deine Leistungen können einen wahren Durchbruch erleben.

Die Hinweise in den beweglichen Linien

Neun als erste Linie bedeutet: Du möchtest gerne loslegen, aber es ist vermutlich noch nicht so weit, daß du deine Vorhaben in die Tat umsetzen kannst. Versuche einfach, dies zu akzeptieren und zurückhaltend in deiner Selbstpräsentation zu sein.

Neun als zweite Linie bedeutet: Achte auf deine Beziehungen zur Außenwelt. Sei aufmerksam, damit du erkennst, wer dich jetzt fördern und unterstützen kann. Es kann sein, daß du eine besondere Person als hilfreichen Vermittler oder Lehrer erkennst und dadurch weiterkommst.

Neun als dritte Linie bedeutet: Du spürst, daß du schon ganz nah an deinen erträumten Zielen bist. Trotzdem mußt du immer noch sehr konzentriert sein, um genau zu unterscheiden und dich nicht von anderen blenden zu lassen. Dauernde Reflexion ist nötig, und das ist anstrengend.

Neun als vierte Linie bedeutet: Du bist mit einer aufregenden Situation konfrontiert. Wenn du ganz leise nach innen hörst, spürst du vielleicht den Wunsch, dich daraus zurückzuziehen. Dann tue es. Wenn das Gegenteil der Fall ist, dann gehe auf die Menschen und Ereignisse zu, die sich dir zeigen.

Neun als fünfte Linie bedeutet: **Versuche ohne Zweifel auf die Kräfte des Universums zu vertrauen. Suche eine wichtige Kontaktperson.** Es gibt sehr viele Chancen – aber du brauchst einen Übersetzer oder Mentor.

Neun als sechste Linie bedeutet: Deine Ziele sind im Moment etwas zu ehrgeizig, und du hast vielleicht versäumt, andere so zu respektieren, wie sie es verdienen. Es kann auch sein, daß du dir mehr vornimmst, als du letztlich verwirklichen kannst.

Sollten alle Linien des Zeichens Power *bewegt sein, also nur aus Neunen bestehen, die sich zum zweiten Zeichen* Rezeption *verändern, bedeutet das:* Es wird sich dir eine große Chance eröffnen, die du nutzen kannst, wenn du aktive und passive Phasen in deinen Anstrengungen bewußt als gleichwertig anerkennst. Gib deinen Ideen Zeit und Raum, damit sie sich entwickeln können.

2 Rezeption

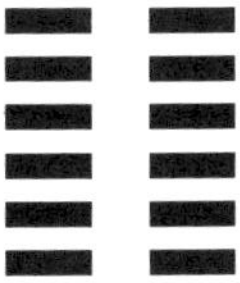

Kun: Die Erde

Kun: Die Erde

Leise der Spur des Gelingens folgend, deutet der Kluge die Zeichen der Zeit. Rechts und links, oben und unten Zusammenhänge sehen und verknüpfen, ohne zu handeln.

Wenn du das Zeichen Rezeption erhältst, bekommst du einen Hinweis auf die Kunst, dich und deine Absichten in einer abwartenden Position zu halten. Beim Bild um die Erde geht es um die rezeptive Aufnahme, Reifung und Erfüllung von Ideen und Absichten. Dieses Zeichen steht direkt neben dem Zeichen Power und ist ihm ebenbürtig. Denn: Die Erde ist weit und dem Himmel gleich. Hier nimmt Gestalt an, was im ersten Zeichen in einer Vision skizziert worden ist. Dazu ist Ruhe und Geduld erforderlich und große ruhige Gewißheit in den Absichten, die sich nicht äußert.

Das Bild

Weit reicht die Erde, wenn du irgendwo allein auf einem freien großen Feld stehst. Sie reicht so weit wie der Himmel und scheint unendlich zu sein. Die Erde nimmt auf und bringt neues Leben hervor. Sie ist die Geburtsstätte allen Lebens in seiner ewigen Wiederkehr. Du bist in all deinen Bestrebungen aufgefordert, diese bewundernswerte Ruhe zu bewahren und genau so stark zu sein – wie es die Erde ist. Du kannst dich ihren Kräften gut anvertrauen. Bleibe aufmerksam, geduldig, voll Freude – und stark.

Liebe, Glück, Erfolg

愛 LIEBE

Ob es Liebe sein könnte ...? Sei offen für das, was kommt. Freue dich, denn du wirst als jemand Spezielles angesehen. Auch wenn du deutliche Zeichen vermißt. Insgeheim knüpft das Universum einige Verbindungen.

福 GLÜCK

Endlich bist du einmal richtig angekommen. Du wirst intensiv wahrgenommen und kannst gelassen dein Umfeld betrachten. Du ahnst, daß du in der Mitte einer Epoche steckst, deren Anfang und Ende du nicht kennst. Aber du spürst, daß es gut ausgeht.

富 ERFOLG

Einiges ändert sich vor deinen Augen, und du wartest ab, ob die Richtung stimmt. Vermutlich spielen dir die Umstände geradezu in die Hand. Intuition spielt eine übergeordnete Rolle für jedes Gelingen.

Die Hinweise in den beweglichen Linien

Sechs als erste Linie bedeutet: Wenn du nach jedem Schritt ganz bewußt eine Pause machst und auf jede kleinste Konsequenz achtest, erkennst du drohende Gefahren und erkennst, wann ein Handeln nicht möglich ist.

Sechs als zweite Linie bedeutet: Die Welt ist geometrisch beschaffen und folgt dabei bestimmten Gesetzen. Selbst wenn du zur Zeit nicht viel unternimmst, um deine Ziele zu erreichen, so wird die Welt deinen Zielen und Wünschen eine erfüllbare Form zuweisen. **Achte auch auf deine unbewußten Wünsche.**

Sechs als dritte Linie bedeutet: Hier erhältst du einen Hinweis darauf, daß Du auf geheimnisvolle Weise die Zukunft in der Gegenwart verbergen kannst. Verbirgst du jetzt deine vielen wunderbaren Fähigkeiten und schaffst es, auf schnelle Anerkennung zu verzichten, dann bewirken unsichtbare Faktoren das Gelingen in der Zukunft.

Sechs als vierte Linie bedeutet: Es gibt keine erkennbare Bewegung. Ziehe dich voll Vertrauen in dich selbst zurück. Benenne deine eigenen Werte. Sei ruhig und gelassen, es handelt sich nur um einen vorübergehenden Zustand.

Sechs als fünfte Linie bedeutet: Spüre dich selbst als ein Mensch, der voll Zauber und Wunder ist. Das verhilft dir zu notwendiger Harmonie und Schönheit. Du bist derzeit nicht unabhängig, und du arbeitest daran, dich ruhig und sicher zu fühlen.

Sechs als sechste Linie bedeutet: Du befindest dich in einem Sog von zornigen, rechthaberischen oder einfach negativen Gedanken und bist in Gefahr, ihnen die Vorherrschaft über dich zu überlassen. Sei streng und laß es nicht zum Kampf in dir selbst kommen: Es könnte dir nur schaden.

Sollten alle Linien des Zeichens Rezeption bewegt sein, also nur aus Sechsen bestehen, die sich zum ersten Zeichen: POWER *verändern, bedeutet das:* Zur Zeit gibt es keinen Fortschritt, aber auch keinen Rückschritt. Allerdings ist die Entwicklung sehr positiv einzuschätzen. Du gewinnst an Ausdauer und Zielstrebigkeit.

3 Unerprobt

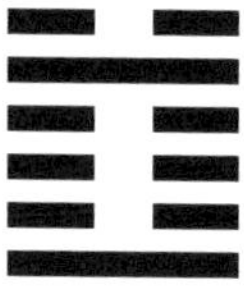

Kan: Das Wasser

Dschen: Der Donner

Nicht jeder Weg führt direkt zum Ziel. Da und dort gibt es unbekannte Hindernisse, die versteckt liegen und nicht einsehbar sind. Ein Ziel mit Kraft zu wünschen und mit Freude zu unterstützen, ist von Vorteil; sich umsehen und überprüfen, ob es unterstützende Kräfte gibt, auch. Doch rechne mit Schwierigkeiten.

Wenn du das Zeichen Unerprobt erhältst, bekommst du einen Hinweis auf die Schwierigkeiten, die in einer neuen Situation oder am Beginn eines Weges entstehen können. Aus einer Fülle von Möglichkeiten kann und soll sich ein geradliniger Weg entwickeln. Da vieles noch nicht genau zu erkennen ist, mußt du vorsichtig sein und auf schnelles Handeln verzichten. Ebenso ist es klug, Gleichgesinnte zur Seite zu haben.

Das Bild

Wenn sich die Wolken türmen und der Himmel von Donner erfüllt ist, erfährst du, daß sich vieles neu gestaltet, auf das du wenig Einfluß hast. Oben türmen sich Wolken, die baldigen Regen andeuten, unten verbreitet sich Donnerhall. Ursachen und Wirkungen sind nicht klar zu erkennen, eher zu fühlen. Du spürst, daß es gut wäre, die vielen Elemente, die deine jetzige Situation bestimmen; genau anzusehen, sie wie die vielen Enden eines Knäuels zu betrachten und die Fäden zu entwirren.

Liebe, Glück, Erfolg

Wohin das verliebte Herz fliegt, daran kann der Verstand wenig ändern. Doch wie sonst sollen so wesentliche Einsichten gemacht werden? Eine große Liebesgeschichte ist es zwar zur Zeit kaum, dafür gibt es prickelnde Empfindungen.

LIEBE 愛

Absichten und Ziele sind schwer zu erkennen. Überlege, was du beitragen kannst, und handle vorerst nicht. Es könnten dich andere gerne unterstützen wollen, wenn du sie fragst.

GLÜCK 福

Nicht einfach, ein Anfänger zu sein. Zweifel über Zweifel. So beginnst du schließlich, offener zu kommunizieren. Du machst Erfahrungen, die dir allerdings später sehr nützlich sein werden.

ERFOLG 富

Die Hinweise in den beweglichen Linien

Neun als erste Linie bedeutet: **Wenn du Schwierigkeiten erkennst oder bereits ahnst, hat es derzeit keinen Sinn, den Fortschritt erzwingen zu wollen.** Aber laß dich auch nicht ablenken und vergesse deine Ziele nicht. Du brauchst Unterstützung. Sieh dich um und sei aufgeschlossen für andere, denn sie werden dich notfalls unterstützen.

Sechs als zweite Linie bedeutet: Du erkennst gerade, wie schwierig die ganze Situation ist. Du weißt, was du dir wünschst, und bist im Zweifel über andere Menschen. Es könnte allerdings auch sein, daß du gute Absichten von anderen falsch einschätzt. Aber wenn du dir sicher bist, daß von dort nicht das richtige Angebot für dich kommt, solltest du lieber erst mal abseits stehen und warten, bis eine Annäherung von einer dir vertrauteren Seite kommt.

Sechs als dritte Linie bedeutet: Du könntest dich in einer Situation, der du dich zwar gewachsen fühlst, deren spezielle Sprache du aber (noch) nicht verstehst, sehr unwohl fühlen. Da wäre es besser, dich nicht auf das Gewünschte zu versteifen. Weil ein Mißerfolg dich persönlich mehr zurückwerfen könnte als förderlich wäre.

Sechs als vierte Linie bedeutet: Für die anstehende Situation fehlt dir die nötige Energie. Allein kannst du sie nicht bestehen. Du benötigst Hilfe. Vielleicht wirst du dich überwinden müssen, auf andere zuzugehen. Mache es, egal, wie es ausgeht. Es macht dich stärker, wenn du lernst, dich offen zu zeigen.

Neun als fünfte Linie bedeutet: Jetzt wird sehr viel von dir verlangt. Du mußt dich verhalten wie eine Ballerina: **Sehr vorsichtig auftreten, keinen Schritt zu viel. Nur ganz langsam kannst du die Situation beeinflussen.** Es könnte sein, daß du von anderen völlig falsch verstanden wirst. Bemühe dich, nicht dein Glück vom Gelingen abhängig zu machen.

Sechs als sechste Linie bedeutet: Du bist in der großen Gefahr, zu früh aufzugeben. Falls du dies nicht überwinden kannst, suche Gelegenheiten, dich abzulenken. Genieße dein Leben und vergesse deine ersehnten Vorhaben für eine Weile. Du kannst dich deinen Wünschen später wieder zuwenden und wirst vielleicht feststellen, daß du mit mehr innerer Distanz sehr viel gelassener mit allem umgehen kannst.

4 Ratlosigkeit

GEN: DER BERG

KAN: DAS WASSER

Erkennen der RATLOSIGKEIT führt zu Fragen. Fragen führen zu Antworten. Manchmal gibt es Antworten, bevor die Fragen gestellt wurden. Dies führt zu Ratlosigkeit.

Wenn du das Zeichen RATLOSIGKEIT erhältst, bekommst du einen Hinweis auf die zwiespältige Qualität einer offenen Problematik. Denn RATLOSIGKEIT ist der Inbegriff von leidenschaftlicher Ungeduld und der großen unschuldigen Wunschkraft nach Wissen, Anerkennung und dem Drang weiterzugehen, auch wenn die Vorgehensweise nicht erprobt und nicht hinterfragt wurde. Das Zeichen beinhaltet eine Provokation, der du gewachsen sein mußt. Diese Provokation könntest auch du für andere darstellen.

Das Bild

Der hohe Berg spürt zu seinen Füßen eine Quelle, die ihren Weg ins Freie sucht, und wacht über sie. Fühle dich in eine Landschaft versetzt, spüre die Höhe des Berges und das kühle frische Wasser der Quelle. Das Wasser hat seinen Weg gefunden und wird fließen. Vielleicht steckt eine Quelle auch in dir. Deshalb wäre es gut, innerlich ruhig zu werden, leise zu sein und über einen Rat nachzudenken oder über eine Frage – wenn du dir dafür die Zeit nehmen kannst. Du selbst könntest dir einen Rat geben.

Liebe, Glück, Erfolg

愛 LIEBE

Die Sehnsucht nach Nähe macht dich derzeit nervös. Besser ist es jetzt, diszipliniert zu sein. Nicht jeder Held ist wirklich einer. Auch ihn dir quasi selbst zu basteln, bringt dich nicht zum Traumziel.

福 GLÜCK

Deine guten Manieren klären eine Menge im voraus, sofern du sie benutzt. Glaube nicht, die anderen so gut zu kennen. Sie sind anders, als du erwartet hattest. Das macht alles sehr viel interessanter.

富 ERFOLG

Hilfloses Zweifeln bringt dich nicht weiter. Ein paar Anfangsschnitzer macht jeder. Das ist der Weg, der das Ziel ist. Der Wunsch, jetzt z. B. den ersehnten Traumjob zu bekommen, ist stark, aber noch ist es nicht ganz der richtige Zeitpunkt.

Die Hinweise in den beweglichen Linien

Sechs als erste Linie bedeutet: Sei jetzt lieber ein bißchen weniger lässig und achte auf die richtige Mischung aus Selbstdisziplin und der Beachtung von Regeln. Dabei wäre es gut, wenn du dies möglichst relaxt in den Griff bekommst. Sich ein bißchen umzusehen, wo es nicht nur für dich weitergeht, wäre von Vorteil.

Neun als zweite Linie bedeutet: Es geht jetzt um die ruhige und überlegte Haltung zur Außenwelt. Nicht jeder ist so gestrickt wie du und hat vermutlich ganz andere Dinge im Kopf. Überlege, wie sich deine Mitmenschen wohl fühlen, und du wirst deine Situation meistern. Das gibt dir ein glückliches Gefühl für dich selbst.

Sechs als dritte Linie bedeutet: Du gewinnst deine innere Sicherheit nur, wenn du dich mehr an deinen eigenen Werten orientierst, als starr auf jemanden zu sehen, von dem du denkst, er oder sie habe all das, was du womöglich an dir selbst im Augenblick sehr vermißt. Wenn du weiterhin nur jemanden anbetest, wird es dir insgesamt nicht gerade super ergehen. Ab und zu ist es gut, sich selbst mehr zu bewundern. Jetzt ist so eine Zeit.

Sechs als vierte Linie bedeutet: Du bist gefangen in einer wunderschönen Illusion. Das heißt, du läßt dich vielleicht vom Erwünschten und Ersehnten lähmen oder betören. Das könnte dich beschämen, wenn es dir bewußt wird. Aber mit ein wenig Entschlossenheit kannst du das verhindern.

Sechs als fünfte Linie bedeutet: Einfach anzuerkennen, daß du nicht alles weißt oder kennst, ist ein gerader Weg, das fehlende Wissen zu erwerben. **Du findest Unterstützung, wenn du dich umsiehst und andere um Hilfe oder Antworten bittest.**

Neun als sechste Linie bedeutet: Es geht jetzt lediglich darum, ein ganz normales Maß zu wahren. Du mußt dir nichts gefallen lassen, aber es wäre unklug, andere unnötig anzugreifen. Schalte ein bißchen auf reservierte Haltung und halte Quälgeister einfach auf Distanz.

5 Geduld

KAN: DAS WASSER

KIEN: DER HIMMEL

GEDULD kann nur aufgebracht werden, wenn Freude, Akzeptanz und Zuversicht zusammenwirken. Sie ist etwas, das sich jeder Mensch ganz allein erwerben muß, und durchläuft sehr viele Stadien. Sie ist – nicht nur wenn ein Ziel angestrebt wird – ein notwendiger und ständiger Begleiter.

Wenn du das Zeichen Geduld erhältst, bekommst du einen Hinweis auf die ständig erforderliche Kunst, warten zu können. Solches Warten ist nicht zu verwechseln mit einer vagen Hoffnung, sondern kann erfüllt sein von der Gewißheit, ein Ziel zu erreichen und weiterzukommen. Je mehr Ruhe du aufbringen kannst, desto besser ergeht es dir. Dabei wäre es gut, dich ganz von Zeitvorstellungen zu lösen und dich innerlich stark zu machen.

Das Bild

Du stehst in der Natur und beobachtest das Spiel der Wolken. Sie scheinen weit über den Himmel zu fliegen und zu spielen, aber ihre Bedeutung erschließt sich dir nicht. Eigentlich könnte es regnen, aber du kannst den Wolken nicht befehlen, es regnen zu lassen. Dennoch weißt du, daß es irgendwann regnen wird. Du könntest dich auch fragen, ob es je regnen wird. Solche Fragen solltest du jedoch nicht stellen, wenn du willst, daß es irgendwann einmal regnet, d. h. ein greifbares Ergebnis erreicht wird. Vermeide also negatives Zweifeln.

Liebe, Glück, Erfolg

愛 LIEBE

Große Gefühle erwachen selten über Nacht. Individuelle und tiefe Naturen brauchen länger, um sich gegenseitig intensiver kennenzulernen. Einige Ereignisse und Erkenntnisse stehen noch aus. Du vertraust am besten auf das gute Gedeihen, zu dem du beiträgst.

福 GLÜCK

Etwas verändert sich – etwas, das nicht genau benannt werden kann und sich noch hinzieht. Denke positiv und überlege, was du genau weißt und was nicht. Damit hast du schon genug zu tun. Nicht vorschnell handeln!

Vielleicht entzieht sich dir ein Ziel endlos – Tage, Wochen, Monate. Große Ziele brauchen Jahre. Gebe sie nicht auf. Arbeite immer wieder daran und vergesse am besten zwischendurch dein Ziel.

Die Hinweise in den beweglichen Linien

Neun als erste Linie bedeutet: Du kannst ganz ruhig bleiben. Was auch immer passiert: Es liegt zwar etwas in der Luft, aber es ist weit genug von dir entfernt. Verbindungen werden geknüpft, sind aber noch nicht etabliert, und es gibt keinen Anlaß vorzupreschen.

Neun als zweite Linie bedeutet: Du findest dich in einer etwas ungemütlichen Situation wieder. Es wird viel geredet und dabei auch viel Unsinn. Es geht jetzt darum, ruhig zu bleiben und nicht darum, Energie zu verpulvern, um sich gegen Vorstellungen anderer zu wehren. Je cooler du bleibst, desto besser läuft alles.

Neun als dritte Linie bedeutet: Wenn du ein wirklich wichtiges Ziel erreichen willst, mußt du sehr aufpassen, nicht zu früh zu starten. Sonst könntest du an der falschen Stelle deinen ganzen Elan umsonst eingesetzt haben und bist vielleicht ungeschützt, vor allem wenn du dann bereits dein Pulver verschossen hast. Du solltest auch nicht in einer lähmenden Position verbleiben.

Sechs als vierte Linie bedeutet: Du bist gefangen in einer sehr schwierigen Situation. Du kannst jetzt eigentlich nur abwarten, wann sich ein Ausweg zeigt, und bis dahin mußt du aushalten. Es könnte dir helfen zu sehen, was trotzdem gut funktioniert. Es gibt immer etwas, was gut funktioniert. Freue dich darüber.

Neun als fünfte Linie bedeutet: **Es geht jetzt darum, anzuerkennen, daß du nicht alles und nicht alles sofort erreichen**

kannst. Dafür gibt es jetzt eine Ruhephase im Leben, in der du Kräfte sammelst und wieder Spaß findest, bis es weitergeht und deine Ziele konkreter werden.

Sechs als sechste Linie bedeutet: Es sieht so aus, als ob alles fehlschlägt und alles vergeblich gewesen wäre. Aber es kann sich zum Guten wenden, wenn du dafür offen bleibst. So könnten überraschend hilfreiche Personen in dein Leben treten, oder du erhältst plötzlich eine Information, die für dich bedeutsam ist.

6 Konflikt

KIEN: DER HIMMEL

KAN: DAS WASSER

Trotz aller guter Absichten geht es nicht weiter, weil sich ein KONFLIKT abzeichnet. Es ist gut, einen unbeteiligten Beobachter um Rat zu bitten. Jetzt eine endgültige Lösung zu suchen führt zu nichts.

Wenn du das Zeichen KONFLIKT erhältst, soll deine Aufmerksamkeit auf mögliche kontroverse Punkte gelenkt werden, die in einer Situation verborgen sind Es geht konkret um List und Macht oder um emotionale Manipulation. List kann eine trügerische Situation schaffen, die sich später nur mit einer massiven Kraftanstrengung auflösen läßt. Überprüfe die in der Situation aufeinandertreffenden Interessen und welche sich zu komplexen Schwierigkeiten entwickeln könnten. Es wäre gut, wenn du diese anfälligen Punkte erkennst und bereits jetzt ausräumst.

Das Bild

Der weite Himmel dehnt sich über einem großen Gewässer, einem Meer. Beide Kräfte stehen scheinbar außerhalb jeder Beziehung. Die Elemente sind stark wie der unerreichbare Himmel und die Fluten des Wassers. Auf deine Situation übertragen: Auf zwei Seiten gibt es große Ansprüche. Der jeweilige Ansatz, die Situation zu beurteilen, ist jedoch entgegengesetzt. Beachte vor allem, daß die Entwicklung einer Situation genau durchleuchtet wird und alles, was sich für die Zukunft abzeichnet, auch angesehen und überlegt wird.

Liebe, Glück, Erfolg

LIEBE 愛

Wie schön könnte alles sein! Wenn sich bloß nicht schon jetzt mangelnde Harmonie abzeichnen würde. Was und wer auch immer der Grund ist: Du läßt dich nicht so einfach aus der Balance werfen.

GLÜCK 福

Zwiespältig empfindest du die ganze Situation. Je früher du mit dir selbst in Harmonie kommen kannst, desto besser. Cleverer wäre es, du ziehst dich eine Weile zurück. Du hast es in der Hand, Schwachpunkte selbst zu finden und auszuschalten.

ERFOLG 富

Nicht jeder ist der gleichen Meinung wie du. Es gibt Reibereien, die allerdings auch fruchtbar sein und ideal enden können. Dein Beitrag zu einem Projekt ist zwar bemerkenswert – kann aber derzeit trotzdem abgelehnt werden.

Die Hinweise in den beweglichen Linien

Sechs als erste Linie bedeutet: Du spürst eine unharmonische Situation und hast die Gelegenheit, sie zu verlassen. Vor allem hast du im Augenblick – gegen wen auch immer – keine großen Chancen. Vielleicht genügt es einfach, sich von Illusionen zu befreien und auf die Zukunft zu vertrauen. Denn am Ende geht alles gut.

Neun als zweite Linie bedeutet: Die Situation erfordert sowohl Standhaftigkeit als auch Flexibilität. Auch wenn dir nicht danach zumute ist, solltest du dich jetzt zurückziehen. Sonst könnten die Folgen doch unangenehmer sein, als du im Moment vermutest.

Sechs als dritte Linie bedeutet: Dir liegt etwas sehr am Herzen. Weil diese Angelegenheit absolut deine individuelle Leistung ist, mußt du jetzt entscheiden, ob du darauf warten kannst, dafür gewürdigt zu werden. Doch sei unbesorgt: Etwas wirklich Individuelles kannst du nicht verlieren, weil es zu dir gehört. Nur mußt du es zunächst anderen überlassen, anerkannt und gewürdigt zu werden. Früher oder später wird auch dein Idealismus Früchte tragen.

Neun als vierte Linie bedeutet: Du könntest einen Streit beginnen und aufgrund deiner stärkeren Position sogar gewinnen. Doch das würde dir nicht wirklich entsprechen. Und eigentlich willst du etwas anderes als einen Triumph. Deshalb solltest du auch innerlich einlenken und dich mit der Situation versöhnen.

Neun als fünfte Linie bedeutet: **In einer angespannten Situation gibt es kompetente Leute, die unterschiedliche Gesichtspunkte betrachten und darüber urteilen könnten.** Es wäre zu überlegen, ob du solche Menschen suchen mußt, oder ob du dies nicht auch in dir selbst austragen kannst, wenn du dir die entgegengesetzten Gesichtspunkte richtig klar machst.

Neun als sechste Linie bedeutet: Du hast in einer entscheidenden Frage gewonnen. Aber auch wenn alle Punkte für dich sprechen, wird am Ende nicht viel dabei herauskommen. Das heißt, das Glück ist nicht von Dauer.

7 Strategie

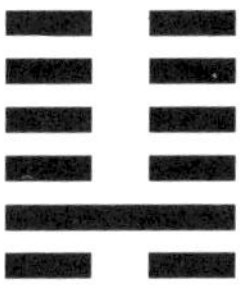

KUN: DIE ERDE

KAN: DAS WASSER

STRATEGIE setzt einen starken und überlegenen Willen voraus. Es muß ein berechtigtes Ziel geben und Ausdauer, um es zu erreichen. Alle Schwachstellen sollten bekannt sein und ausgeräumt sein, bevor Strategie wirksam werden kann.

Wenn du das Zeichen STRATEGIE erhältst, erkennst du, daß dein Anliegen nicht zu gering einzuschätzen ist. Es wird großer Aufwand nötig sein, um es durchzusetzen. STRATEGIE dirigiert von oben, und alles muß bis ins kleinste Detail organisiert sein. Daraus ergeben sich konkret definierte Aufgaben, Autoritäten und bestimmte Vorschriften, die befolgt werden müssen. Du könntest jetzt mit einer starken Person zusammentreffen oder mit einem erfahrenen und geschickten Beauftragten in der dir wichtigen Angelegenheit.

Das Bild

Unter der Erde bewegt sich Wasser in großer Fülle. Wasser ist zu bestimmten Zeiten unberechenbar, wie es große Überschwemmungen zeigen. Es muß beobachtet, sinnvoll verwendet, umgeleitet oder eingedämmt werden. All dies ist notwendig, damit die Zivilisation ihren Fortschritt finden kann und Menschen in ihrem Alltag sich nicht in einen kraftraubenden Kampf stürzen müssen. Daraus leitet sich dieses Bild ab. Deine Ziele und Wünsche müssen sehr gut durchdacht und integrationsfähig sein, wenn sie umgesetzt werden sollen. Du siehst: Allein kann niemand bestehen. Du brauchst gute und zuverlässige Freunde oder Verbündete. Dabei mußt du auch anderen eigenen Spielraum einräumen.

Liebe, Glück, Erfolg

愛 LIEBE

Zur Eroberung eines Traumpartners brauchst du ein paar clevere Einfälle. Vielleicht fällt dir etwas ein, oder jemand gibt dir einen fabelhaften Tip. Es denkt jemand an dich.

福 GLÜCK

Eine angesagt gute Zeit, um sich gemeinsamen Projekten zu widmen. Alleingänge müssen warten und zurückgestellt werden. Dafür klappt alles wie am Schnürchen, wenn du die Grundregeln der Fairneß beherrschst.

富 ERFOLG

Du brauchst ein Konzept. Schreibe dir sorgfältig auf, was du erreichen möchtest – wann, wie, wo, was. Sieh dich eventuell nach gediegener Unterstützung um. Achte auf Konkurrenten.

Die Hinweise in den beweglichen Linien

Sechs als erste Linie bedeutet: Eine große Sache entwickelt sich. Aber es wäre klug, wenn du erst mal gründlich Ordnung in die Situation bringst. Dies kann auch eine andere Person tun, wenn ihr eine solche Verantwortung übertragen worden ist. Denn erst, wenn alles richtig gut organisiert ist und alle Kleinigkeiten durchdacht worden sind, kann das Gelingen als gesichert gelten.

Neun als zweite Linie bedeutet: Du wirst in deiner Vorgehensweise bestätigt. **Alles verläuft korrekt, und deshalb sind deine Verbindungen mit anderen sehr kraftvoll angelegt.** Du knüpfst wichtige Kontakte, und eine entscheidende und wichtige Person akzeptiert deine Angelegenheiten.

Sechs als dritte Linie bedeutet: Deine Situation gestaltet sich nicht so positiv, wie sie sollte, weil sich jemand einmischt. Möglicherweise handelt es sich um eine Person, die nicht einmal weiß, worum es geht. Schlimmer ist aber, daß diese Person an einem Platz sitzt, an dem sie Entscheidungen treffen und womöglich deine Ziele gefährden kann. Es kann auch sein, daß dir kein Vertrauen entgegengebracht wird.

Sechs als vierte Linie bedeutet: Gib lieber auf und suche deine Ziele auf andere Weise zu erreichen. Dieser eventuelle Rückzug kann einfach nur eine vorübergehende Maßnahme sein. Auf diese Weise schonst du deine Energien.

Sechs als fünfte Linie bedeutet: **Du mußt energisch durchgreifen.** Jemand versucht sich an dir zu bereichern. Die Zeit ist sehr günstig, mit richtig eingesetzten Mitteln diese Übergriffe jetzt entschieden abzuwehren. Du brauchst sehr kompetente Partner, die die Auseinandersetzung für dich und mit dir führen werden.

Sechs als sechste Linie bedeutet: Du hast jetzt alle Trümpfe in der Hand. Du kannst gute Grundlagen legen. Laß dich bloß nicht erweichen und gib diversen Schmeichlern keine Chance, du würdest es nur bereuen. Sieh deshalb genau hin!

8 Solidarität

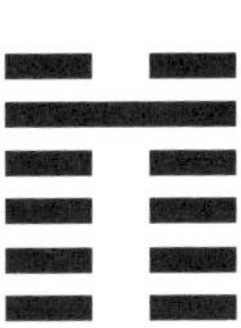

KAN: DAS WASSER

KUN: DIE ERDE

SOLIDARITÄT ist eine individuelle und eine kollektive Haltung. Es ist gut zu wissen, ob die Kraft dafür vorhanden ist. In diesem Fall soll das Orakel nochmals be-

fragt werden, um genauer zu erfahren, ob genügend Ausdauer und innere Kraft vorhanden sind. Unsicherheit muß hinterfragt und überwunden, Entschlossenheit direkt bekundet werden.

Wenn du das Zeichen Solidarität erhältst, erkennst du, daß es in allen Angelegenheiten ein mehr oder weniger bewußt gewähltes Zusammenwirken mit anderen gibt. Ein flüchtiges Zusammengehen ist hier nicht möglich. Alle müssen sich entweder auf eine Sache einlassen, oder es wird den Beteiligten die Chance eingeräumt, sich zurückzuziehen. Diese Chance erhältst auch du. Ohne eine Persönlichkeit, die die Kräfte bündelt, gibt es keinen Fortschritt.

Das Bild

Betrachte ein großes Gewässer, das sich in die Landschaft einfügt. An den Ufern finden sich Siedlungen und bestellte Felder. Erde und Wasser stehen in fruchtbarer Beziehung und bilden ein nutzbringendes Arrangement. So sind auch deine jetzigen Ziele in ein vielfältiges Muster von Beziehungen eingebunden. Diese sind abhängig von Klugheit und Diplomatie. Einige besondere Bedingungen deines Lebens sind dir wie eine freundliche Leihgabe zur Verfügung gestellt worden. Das heißt, sie gehören dir nur bedingt. Auch du kannst in gewisser Weise deine Begabungen leihweise zur Verfügung stellen.

Liebe, Glück, Erfolg

愛 LIEBE

Jetzt kannst du dich engagieren und zeigst es vielleicht. Klug wäre es, vorher gründlich nachzudenken, welche Konsequenzen dann auf dich warten. Darüber denkt auch jemand anderes nach.

Solide Chancen! Von dir werden Klarheit und Stärke erwartet. Überprüfe dich selbst, ob du genügend Kraft hast, dich ganz einzubringen. Von anderen kannst du das gleiche erwarten – aber halte die Augen offen.

GLÜCK 福

Erforsche deine Motive. Wenn diese stark sind, kannst du in ein gutes Team kommen. Welche deine Rolle dort sein wird, kannst du nur vorsichtig abchecken. Eventuell steigst du doch lieber vorher aus. Aber auch nicht zu übervorsichtig sein.

ERFOLG 富

Die Hinweise in den beweglichen Linien

Sechs als erste Linie bedeutet: Du legst gerade die Grundlagen für eine erfolgreiche Zusammenarbeit oder eine korrekte Beziehung. Dazu gilt es vor allem, von Anfang an schlicht und einfach ehrlich zu sein. Damit hast du Erfolg. Es kann auch sein, daß du dich klar für eine andere Person aussprechen sollst, vielleicht auch nur leise in deinem Inneren.

Sechs als zweite Linie bedeutet: Du wirst von einer übergeordneten Stelle gebeten oder aufgefordert, näher zu treten. Da ist es gut, dem Folge zu leisten. Es könnte sich auch um ein Ideal handeln, dem du dich verpflichtet fühlt.

Sechs als dritte Linie bedeutet: Du neigst dazu, momentan alle Menschen, mit denen du zusammentriffst, wie Freunde einzuschätzen. Das könnte ein Fehler sein. Du solltest also besser konzentriert unterscheiden. Sei freundlich, aber nicht vertrauensselig. Überprüfe auch deine Haltung, die du zu dir selbst hast.

Sechs als vierte Linie bedeutet: Es gibt eigentlich eine ganz zentrale Figur in der Situation. Auf die kannst du dich verlassen, weil alles korrekt verläuft. Laß dich nicht irritieren. Äußere, wenn es notwendig sein sollte, offen und ehrlich deine Meinung.

Neun als fünfte Linie bedeutet: Hier wird dir vor Augen geführt, daß du in einer Situation bist, in der du selbst klug entscheiden mußt. Es gibt nämlich Konsequenzen, vielleicht schwerwiegende. **Niemand zwingt dich zu einer bestimmten Handlungsweise.** Es ist durchaus möglich, einen Rückzieher zu machen.

Sechs als sechste Linie bedeutet: Jetzt sollst du mit einer klaren Definition nicht zögern. Wenn du jetzt nichts unternimmst, hast du möglicherweise den Zeitpunkt verpaßt. Das wäre doch schade. Allerdings solltest du auf ein Projekt verzichten, wenn du keine klare Unterstützung bekommst oder dein zentrales Anliegen undeutlich ist und besser formuliert werden muß.

9 Gebremste Kraft

Sun: Der Wind, das Holz

Kien: Der Himmel

In der Verlangsamung einer Situation liegt eine Wachstumschance verborgen. Im Zeitlupentempo läßt sich mehr beobachten als in rasanter Folge.

Wenn du das Zeichen Gebremste Kraft erhältst, solltest du erneut den Rat beachten, wie die Naturgesetze auf der Erde wirken. Der Wind zeigt Bewegung, auch im Spiel der Wolken, aber es fällt noch kein Regen. Die Kraft der Wolken reicht noch nicht aus, sich als Regen zu entladen. Der Regen aber ist notwendig, um die Saat aufgehen zu lassen und das Land fruchtbar zu machen. Hier ist es noch nicht so weit. Aber bald.

Das Bild

Wind und Wolken spielen ein Spiel, und du bist außerhalb ihres Wirkungsbereichs. Deshalb kannst du im Moment nicht viel tun, außer dich mit den Gegebenheiten der Zeit zu arrangieren. Deine jetzigen Wünsche sind von Zeitumständen abhängig, die du akzeptieren solltest. Wenn du dich besser fühlen willst, denke an den Wind wie an einen Freund, der mit beeindruckender Sanftheit und unbeteiligter Freude am Spiel Kraft und Gelassenheit zeigt. Benutze die Zeit zu sein wie der Wind.

Liebe, Glück, Erfolg

Sehnsucht kann quälen. Denke ab und zu nur an dich und deine realen Wünsche und nicht nur an den Traumpartner, der da irgendwo durch die Welt trabt. Eine innere Verbindung könnte durch dieses Abschalten des Unklaren nur stärker werden.

Die derzeit trägen Kräfte könnten nerven. Das geht anderen auch so. Bleibe stark und ertrage es mit Würde. Irgendwann ändert es sich. Aufmerksamkeit lohnt sich trotzdem.

Fast am Ziel, und trotzdem gibt es derzeit noch kein Startzeichen. Es lohnt sich, die innere Stimme nicht zu überhören und unüberlegte spontane Aktionen zu unterlassen. Eventuell verwirklichst du deine Ideen später, oder du entdeckst etwas Neues.

Die Hinweise in den beweglichen Linien

Neun als erste Linie bedeutet: Ohne großartig vorwärts zu drängen, entziehst du dich dem deprimierenden Bereich des Hemmenden. Genieße deine Möglichkeiten, vor- und zurückgehen zu können. Es könnte sein, daß du ein früheres Konzept neu aufgreifst. Dies könnte erfolgreich sein – irgendwann.

Neun als zweite Linie bedeutet: Beobachte andere, die ähnliche Ziele haben wie du, und du wirst feststellen, daß die Zeiten nicht günstig sind. Setze dich nicht einer Zurückweisung aus. Versuche dich mit anderen zusammenzutun, falls dies möglich ist. Die Zeiten werden sich ändern, und eine verloren geglaubte Chance bietet sich dir mit neuem Gesicht.

Neun als dritte Linie bedeutet: Du wünschst dir, kraftvoll vorzugehen. Doch das ist einfach zur Zeit gar nicht gut. Was du voll Kraft angehst, wird von anderen als Manipulationsversuch gewertet. Du könntest Sympathien verlieren, weil deine Ansprechpartner zur Zeit auf einem anderen Energie-Level sind. Das ist sehr schade, läßt sich aber vorläufig nicht ändern.

Sechs als vierte Linie bedeutet: Es könnte sein, daß du jemandem, den du gerne unbehelligt ließest, einmal deine Meinung sagen mußt. Wenn du sicher weißt, daß es nicht aus Rechthaberei geschieht, sondern weil du Schlimmeres verhindern oder Besseres herbeiführen könntest, tue es.

Neun als fünfte Linie bedeutet: **Auf deinen rätselhaften Wegen wirst du auf einer inneren Ebene auf Treue und Zuverlässigkeit verwiesen.** Zwei Menschen können sich wundervoll ergänzen. Gegenseitiges Erkennen ist die Voraussetzung und dann natürlich Vertrauen. Gute Partner teilen mit Dankbarkeit und Respekt ihren inneren und manchmal auch äußeren Reichtum.

Neun als sechste Linie bedeutet: Deine Intuition hat dir den Weg geebnet. Doch solltest du noch sehr vorsichtig mit deinem Sieg umgehen. Es gibt fortwährend Änderungen, die von außen auf dich einströmen. Deshalb bleibe innerlich klar und berechenbar, sei klug und respektiere dich selbst und andere. Beharre nicht auf einem Recht – das würde dir letztendlich nichts bringen.

10 Präsentation

Kien: Der Himmel

Dui: Der See

PRÄSENTATION hat eine Adresse: Das Publikum entscheidet sich gerne für liebenswerte Alleskönner und selbstbewußte Kreative oder mutige Individualisten. Wer sich voll Freude zeigt und an sich glaubt, findet ein Publikum.

Wenn du das Zeichen Präsentation erhältst, wird sich deine Aufmerksamkeit vor allem auf das Wie richten. Wie trittst du auf, wie machst du deine Absichten klar? Denn es gibt überall einen undurchschaubaren Dschungel, und ständig mußt du dich in ihm bewegen. Sich Autoritäten zu nähern, kann Kopfzerbrechen bereiten, aber auch zu einer respektvollen Haltung nötigen. Es könnte Komplikationen geben, wenn eine unkluge Vorgehensweise gewählt wird. Mit diesem Zeichen wird dir Akzeptanz zugesichert.

Das Bild

Wenn du die Landschaft genau betrachtest, entdeckst du, daß Himmel und See einander spiegeln. Begreife dies als Erfolgsstrategie, und du bist der Weisheit ein Stückchen näher gekommen. Wenn du einen Widerhall erhalten willst, wähle möglichst den Stil deines Gegenübers. Deine jetzige Situation ist von gesellschaftlichen und sozialen Mustern abhängig. Für dich ist es wichtig, all die vielfältigen Erscheinungen von Autorität, akzeptablen Umgangsformen und Kommunikation sowie ihre Wirkungen zu kennen und nach ihnen zu handeln.

Liebe, Glück, Erfolg

愛 LIEBE

Ein wenig von dir steckt im anderen, ein wenig von ihm in dir. Du findest es verblüffend, wie zwei Menschen sich widerspiegeln können. Es kann allerdings bei dieser Einsicht bleiben, wenn nicht mehr kommt.

福 GLÜCK

Du wirst genau jetzt geschätzt und bewundert. Beachte kleinste Signale. Du verhältst dich neutral und selbstbewußt, und das tut auch anderen gut. Insgesamt staunst du, wieviel du durch dein Verhalten steuern kannst.

富 ERFOLG

Vergiß alles, was du an negativen Bildern von dir selbst hattest. Zeige deine Leuchtkraft. Am besten ist es, du bist dezent und übertreibst nicht. Bereite dich auf wichtige Treffen gut vor und probe dein Auftreten mit vertrauten Menschen.

Die Hinweise in den beweglichen Linien

Neun als erste Linie bedeutet: Belaste dich nicht damit, zu ehrgeizig zu sein und nach Selbstbestätigung oder großen Erfolgen zu streben. Erfreue dich an deinen Zielen, aber dränge nicht auf ihre unmittelbare Verwirklichung. Bleibe bei dir und gehe jetzt ganz einfach weiter.

Neun als zweite Linie bedeutet: Solange du dich ganz konkret auf das beschränkst, was dir möglich ist, ohne dich oder andere zu verwickeln, geht alles gut. Laß dich nicht blenden und glaube fest an dich und deine Ziele.

Sechs als dritte Linie bedeutet: Warum solltest du deine Kräfte überschätzen? Du weißt, das rächt sich. Es sei denn, es geht um eine außergewöhnliche Sache. Allerdings müßtest du beurteilen können, ob dies wirklich der Fall ist. Laß dir etwas mehr Zeit als geplant, um dies herauszufinden.

Neun als vierte Linie bedeutet: Du gehst sehr vorsichtig vor, ganz in dem Bewußtsein, daß du dich in Gefahr bringen könntest. Das ist ein guter Weg, um sich nicht selbst zu überschätzen. Entwickle diese vorsichtige Haltung und mache sie dir immer wieder bewußt.

Neun als fünfte Linie bedeutet: **Du hast dich offenbar entschlossen – trotz der Gefahr von Rückschlägen –, einem klaren Weg zu folgen, den du vor dir siehst.** Du wirst Erfolg haben, solange du beständig alles überprüfst und deine innere Ausdauer irgendwie ernährst. Es kommt jetzt auf dein Engagement an.

Neun als sechste Linie bedeutet: Überprüfe dich selbst und bedenke alle Rückmeldungen, die du bisher auf dich und deine Absichten erhalten hast. Wenn du richtig zufrieden mit dir sein kannst, dann hast du mit dem, was dich jetzt so beschäftigt, Erfolg.

11 Harmonie

KUN: DIE ERDE

KIEN: DER HIMMEL

HARMONIE liegt in der Begegnung zweier verschiedener Kräfte, die sich als ergänzend begreifen und sich voll Freude und Dankbarkeit wahrnehmen können.

Wenn du das Zeichen HARMONIE erhältst, siehst du, daß sich hier der Himmel unter die Erde gestellt hat. Ein seltener Augenblick, da der Himmel bereit ist, die Erfahrungen der Erde zu machen – und umgekehrt. Begreifst du dieses Geschehen, so verstehst du den Weg, auf dem HARMONIE möglich ist.

Das Bild

Du stehst hoch oben auf einem Berg. Der Himmel scheint mit all seinen Nebelfeldern unter dem Felsgipfel zu liegen, und es scheint die Erde über dem Himmel zu schweben. Der Gedanke liegt nahe: Himmel und Erde haben ihre Plätze vertauscht. Etwas abstrakt: Sie erkennen ihre gleichberechtigte Existenz an. Auf dieser Basis herrscht auch Eintracht und Solidarität unter den Menschen. Der Platz der Autorität ist mit guten, friedlichen Menschen besetzt, die ihre Kraft positiv einsetzen. Das ist selten, und du spürst, wie der Wille zum Guten eine Chance erhält.

Liebe, Glück, Erfolg

愛 LIEBE

Glückliche Zeiten für Beziehungen aller Art! Diese können nicht stark belastet werden. Die Leichtigkeit beibehalten und den Tag genießen, wie er kommt – das ist die Devise. Das Hexagramm zeigt sich auch offen für eine lange, gute Beziehung.

福 GLÜCK

Es lohnt sich, wenn du dich jetzt auf dich und deine innere Balance konzentrierst, auf das, was du beitragen kannst und willst. Wenn andere dies nicht würdigen können ... laß sie einfach los.

富 ERFOLG

Locker lassen und an gute Resultate glauben, nicht ohne Grund. Natürlich bleibst du bescheiden. Du kannst die Erfahrung machen, ganz sanft ans Ziel zu kommen. Ein Ziel, das dir wirklich wichtig ist.

Die Hinweise in den beweglichen Linien

Neun als erste Linie bedeutet: In manchen Angelegenheiten wirst du nicht allein unterwegs sein, sondern es gibt viele andere, die das Gleiche wollen. Jetzt kannst du damit rechnen, daß du dich nicht allein um eine gute Sache kümmerst, sondern mit anderen Menschen zusammentriffst, die dir entsprechen. Wenn auch jeder seine eigene Vorgehensweise hat, so gibt es doch Gemeinsamkeiten.

Neun als zweite Linie bedeutet: Im Augenblick solltest du dich nicht in die Gefahr begeben, arrogant zu sein. Im Gegenteil, du kannst sehr gut anerkennen, was jeder in deiner Umgebung an Qualitäten in sich birgt. Das könnte dich durchaus weiterbringen. Es ist jetzt nicht die Zeit für kleine elitäre Cliquen, die andere ausgrenzen wollen. **Ein bißchen mehr Weitblick eröffnet dir völlig neue Erkenntnisse, und je weniger du in engen Schubladen denkst, desto mehr kannst du für dich selbst gewinnen.**

Neun als dritte Linie bedeutet: Die ständige Wiederkehr von schwierigen Problemen kann dich sehr bedrücken. Doch daß es immer wieder Probleme gibt, gehört zum Leben dazu. Das erhabene I GING will dir dazu sagen, daß die Stärke deines inneren Wesens wichtiger ist als dein äußeres Glück. In bestimmten Phasen ist dies sogar lebensnotwendig. Achte deshalb immer auf deine Gedanken, damit du nicht einfach aufgibst, was eines Tages kostbar werden könnte.

Sechs als vierte Linie bedeutet: Du findest derzeit mühelos Menschen in einflußreichen Positionen, die dir Beistand leisten. Deine Pläne und Wünsche werden unterstützt. Du bewegst dich voll Anmut durch dein Leben, und das öffnet dir Türen und Herzen.

Sechs als fünfte Linie bedeutet: **Du könntest sehr überrascht sein, daß eine wichtige Persönlichkeit vorurteilsfrei und opferbereit handelt. Auch du könntest so handeln wollen. Die Situation verlangt dein Engagement.**

Sechs als sechste Linie bedeutet: Es sieht leider nicht so gut aus, wie du dir wünschst. Gerade erst aufgebaute Beziehungen scheinen sich als zu schwach zu erweisen, denn auch die Zeit trägt nicht. Am besten, du hältst dich erst einmal zurück und wartest günstigere Zeiten ab. Jetzt besser keinerlei Reaktion zeigen.

12 Aufschub

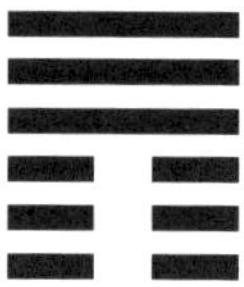

Kien: Der Himmel

Kun: Die Erde

Die Zeit dehnt sich über die Maßen, und jeglicher Prozeß verlangsamt sich. Dynamik löst sich in sich selbst auf. Wichtige Plätze werden von unwichtigen Leuten besetzt, Verabredungen nicht eingehalten.

Wenn du das Zeichen Aufschub erhältst, erfährst du, daß der Himmel sich über die Erde erhebt. Mehr noch, er zieht sich mehr und mehr von der Erde zurück. Die Erde sinkt tiefer.

Es ist das Zeichen des Unerreichbaren. Aber sei nicht verzweifelt. Alles formiert sich neu in dieser Zeit, und letztlich wird sich wieder eine Veränderung ergeben, die alles ändert und neu strukturiert. Gut, wenn du jetzt deine Pläne erneut hinterfragen und neue Ideen einfügen kannst.

Das Bild

Du siehst, Himmel und Erde stehen derzeit außer Bezug. Auch wenn du wolltest, niemand ist wirklich zu erreichen. Es wäre falsch, jetzt dein Mäntelchen nach einem dir fremden Wind zu hängen. Auch wenn es scheinbar glänzende Angebote gibt, spürst du doch selbst, daß dies nicht dein Weg ist. Du kannst jetzt nicht auf deinen ureigensten Weg verzichten, der unabdingbar zu dir gehört.

Liebe, Glück, Erfolg

Schade, aber zur Zeit gibt es Blockaden, die du nicht erkennen und noch weniger auflösen kannst. Aber du spürst sie deutlich. Wenn du ein Date planst, laß es lieber. Das gilt auch für Partys etc.

Wieder ziehen alle möglichen Personen an unsichtbaren Strippen. Warte geduldig auf bessere Zeiten. Sie werden kommen. In der Zwischenzeit könntest du deine Energie auf ein dir wichtiges Gebiet lenken.

Was auch immer du gerade anstrebst – es klappt nicht. Nicht im Moment. Tip: Verrate deine Ideale nicht! Es könnte dir langfristig schaden. Letztlich werden sich wieder neue Perspektiven ergeben.

Die Hinweise in den beweglichen Linien

Sechs als erste Linie bedeutet: Du ziehst dich zurück, auch wenn es dir schwerfällt, diese Notwendigkeit zu akzeptieren. Alle Positionen sind so besetzt, daß ein Vorankommen nicht möglich ist und wenn, dann nur mit ungünstigen Folgen. Tröste dich, du stehst damit nicht allein. Wenn du dich umsiehst, erkennst du, daß andere mit den gleichen Problemen kämpfen. Laß dich nicht unterkriegen.

Sechs als zweite Linie bedeutet: Begib dich nicht in die Gefahr, ein angepaßter Kriecher zu sein. Im Gegenteil, du kannst sehr gut unterscheiden, welche Qualitäten du hast und welche Qualitäten anderen angesagten Typen fehlen. Auch wenn es dir manchmal schwerfällt, bleibe bei dir selbst. Auf Dauer wird dein Wille an diesen Schwierigkeiten sehr wachsen und dich dorthin bringen, wo du wirklich hin willst.

Sechs als dritte Linie bedeutet: Du wirst feststellen, daß diverse Widersacher langsam begreifen, daß sie der Verantwortung, die sie sich übergestülpt hatten, nicht gewachsen sind und hilflos um sich blicken. Sie könnten sich auch eine Rolle angemaßt haben, die sie nicht ausfüllen können. Vielleicht ist dir das eine Genugtuung.

Neun als vierte Linie bedeutet: Eine schwierige Zeit nähert sich ihrem Ende. Es dürfte trotzdem eine Menge zu tun sein. Wenn du dich dem nicht gewachsen fühlst, wäre es besser, damit eine andere Person zu betrauen. Aber letztlich bist du es, der Vertrauen genießt.

Neun als fünfte Linie bedeutet: **Alles verändert sich zum Guten.** Doch die Angst steckt dir noch in den Knochen. Das kann gefährlich sein, denn negative Erwartungen werden durch Ängste intensiv genährt und gewinnen Macht über dich. Deshalb: **Verbinde deine positiven Erwartungen mit einem kleinen Ritual, das dich unterstützt, nur das Beste zu erwarten.**

Neun als sechste Linie bedeutet: Jede anstrengende Zeit, in der nichts vorangeht, ist irgendwann vorbei. Allerdings bedarf es schon deiner energischen, positiven Kräfte, die diese Veränderung bewirken. Das heißt, es sind wirkliche, auch innere Anstrengungen nötig, damit du deine Ziele endlich erreichst.

13 Miteinander

KIEN: DER HIMMEL

LI: DAS FEUER

Zu zweit oder gemeinsam mit anderen Menschen gelingen weitaus größere Dinge als allein. Die Freude entsteht durch das MITEINANDER, durch Offenheit und Akzeptanz des jeweils anderen. Schön ist es, sich gegenseitig darin zu unterstützen, Vertrauen und Ausdauer aufzubauen.

Wenn du das Zeichen MITEINANDER erhältst, erfährst du, daß die Energien des Feuers sich nach oben bewegen, dem Himmel entgegen. Daraus resultiert das Bild echter Gemeinsamkeit. Im Zusammensein mit anderen werden nun Ursache und Wirkung zunehmend klarer. Auch andere Menschen haben tiefe und elementare Probleme, die sie nur zögernd zugeben wollen. Echtes Miteinander gibt gegenseitig Kraft und Unterstützung, und du empfindest es wie ein kostbares Geschenk.

Das Bild

Du siehst, daß Himmel und Feuer, die sich so wesensfremd sind, dennoch beide nach oben streben. Seit uralten Zeiten richtet auch der Mensch seinen Blick immer wieder nach oben und orientiert sich an der Gestirnen. In ihrer (An-) Ordnung und Konstellation geben sie Aufschluß über Zeit und Rhythmen. Sie spiegeln außerdem die Perfektion von Ordnung wider. Auch eine funktionierende Gemeinschaft sollte ihre eigene Ordnung aufweisen und einen eigenen Rhythmus finden. Vielleicht dauert es eine Weile, bis der Rhythmus zu erkennen ist.

Liebe, Glück, Erfolg

愛 LIEBE

Es könnte interessant und intensiv werden. Zeit, um mit einer anderen Person gemeinsam zu wachsen, mit ihr vieles zu teilen. Dies kann sogar eine vielversprechende Zukunft betreffen. Es gilt, alle Stadien zu durchwandern, zu durchleiden und intelligent zu lieben.

福 GLÜCK

Teamgeist ist angesagt. Das wird allerdings nicht von jedem gleich verstanden. Du hast einiges anzubieten. Überlege, welche Motive die anderen wohl haben, und laß ihnen und dir Zeit, etwas oder sich zu ändern.

富 ERFOLG

Gemeinsam steht jetzt vor einsam. Ideale lassen sich nicht ungeprüft verwirklichen. Viele Anfechtungen könnten sich ergeben. Sie lassen sich mit Klugheit und etwas Raffinesse überwinden. Doch der Rahmen stimmt. Bleibe dran!

Die Hinweise in den beweglichen Linien

Neun als erste Linie bedeutet: Um mit anderen möglichst sachlich zu kommunizieren, ist ein neutraler Ort günstig. Alle stehen sich dort ohne übermäßiges Prestige gleich nahe, und es gibt auch keine kleinlichen Unterscheidungen. Abmachungen hinter dem Rücken von anderen sollten jetzt besser unterbleiben.

Sechs als zweite Linie bedeutet: **Achte darauf, daß du nicht in die Gefahr gerätst, dich mit einer kleinen elitären Gruppe zu verbünden**, die andere ausgrenzt. Aber laß dich auch nicht selbst von anderen ausgrenzen.

Neun als dritte Linie bedeutet: Jede Gruppe, die spontan zusammengefunden hat, erlebt eine Phase des Mißtrauens. Das ist eine schwierige Zeit, und möglicherweise verpulvern die Gruppenmitglieder ihre Energien mit unproduktiven Aktionen. Versuche dich in qualifizierter Kommunikation und überprüfe, wie argwöhnisch du selber bist. Hintergedanken zerstören auf Dauer eine gute Gemeinschaft.

Neun als vierte Linie bedeutet: Mangelnde Harmonie kann auch Früchte tragen. Durch die Handlungsunfähigkeit kann es zu einem Gesinnungswandel kommen, was sehr positiv zu bewerten ist. Wenn kein Meinungsaustausch mehr stattfindet, gerät die persönliche Situation ins Stokken. Spätestens hier bedauert man die Situation und versucht, wieder auf die anderen zuzugehen.

Neun als fünfte Linie bedeutet: **Du könntest dich einem Menschen tief verbunden fühlen, vor allem eine innere seelische Bindung spüren.** Vielleicht gibt es eine gemeinsame Lektion zu lernen, die viel Kraft kostet und dich und diese Person manchmal mit tiefer Traurigkeit erfüllt. Doch letztlich werden beide Seiten davon profitieren und daran wachsen. Es könnte eine große, tiefe und nicht alltägliche Liebesbeziehung sein oder eine dein (euer) Leben verändernde Begegnung.

Neun als sechste Linie bedeutet: Du hast zwar Anschluß an eine Gruppe oder Gemeinschaft, aber du fühlst dich nicht so richtig von Herzen mit ihr verbunden. Dennoch tragen die Zeichen der Zeit die Verbindung mit dieser Gruppe. Ob es wirklich für deine innersten Anliegen hilfreich ist, ist allerdings nicht sicher.

14 Reichtum

Li: Das Feuer

Kien: Der Himmel

REICHTUM befriedigt die höchsten Ansprüche. Er begrenzt nicht, sondern erweitert große Bereiche, die von mehreren geteilt werden können. Reichtum findet sich innen und außen. Er umfaßt seelische, emotionale, intellektuelle, künstlerische und auch materielle Elemente.

Wenn du das Zeichen Reichtum erhältst, wird dir etwas Außerordentliches angezeigt. Du selbst trägst in dir, was sich als lohnend und gewinnbringend herausstellen kann. Du hast eine große kreative Begabung oder ein sehr kraftvolles Potential, das nach Verwirklichung drängt und schon sichtbar ist wie die Flamme am Himmel. Kraft und Klarheit präsentieren sich als ein richtungweisendes Zeichen. Bescheidenheit und Sanftheit werden vom erhabenen I Ging als Grundlage genannt.

Das Bild

Der Himmel ist seit jeher ein mächtiges Symbol. Sonne, Mond und Sterne wirken auf ihren geheimnisvollen, genau berechenbaren Bahnen perfekt zusammen. Damit symbolisieren sie eine Grundbedingung unseres Lebens, die Perfektion des Miteinanders. Es sollte auch dein oberster Wunsch sein, zum Guten und zur Harmonie beizutragen.

Liebe, Glück, Erfolg

Eine beeindruckende Person blendet dich in jeder Weise, und dies gilt auch umgekehrt. Mach die Augen auf. Du hast Glück mit einem Menschen, der dir innerlich nahesteht.

Großes ist in der Nähe – materiell, emotional und/oder ideell. Vieles wird jetzt problemloser laufen und dich begeistern. Du bekommst Unterstützung. Bleibe trotzdem vorsichtig und übernimm dich nicht. Schalte deinen Verstand ein, damit du keine Gelegenheit übersiehst.

Jetzt könnten sich dir endlich die Quellen erschließen, um die du dich so intensiv bemüht hast. Natürlichkeit und Charakterstärke werden definitiv belohnt.

Die Hinweise in den beweglichen Linien

Neun als erste Linie bedeutet: Du stehst erst am Anfang und kannst deshalb noch keine großen Fehler gemacht haben. Diverse Versuchungen werden sich schon früh genug zeigen. Achte daher ständig auf deine Absichten.

Neun als zweite Linie bedeutet: Überprüfe alle deine Fähigkeiten und Qualitäten – denn es gibt auch immateriellen Besitz. Du könntest eine Begabung entdecken, die dich weiterbringt. Sieh dir außerdem deine Freundschaften und anderen Verbindungen an und überlege, wie ihr gemeinsam etwas Außerordentliches schaffen könnt.

Neun als dritte Linie bedeutet: Du könntest gefordert sein, etwas, das dir gehört – dies könnte auch eine besondere Begabung oder Fähigkeit sein – einem anderen Menschen oder der Allgemeinheit zur Verfügung zu stellen. Das ist natürlich sehr schwierig, und du wirst dabei lernen müssen, deinen Ehrgeiz oder ein materielles Ziel aufzugeben.

Laß dir Zeit, bis du fühlst, daß es ganz einfach ist. Nichts für schwache Charaktere!

Neun als vierte Linie bedeutet: Wenn du dich zwischen zwei sehr einflußreichen Parteien wiederfindest, darfst du weder der einen noch der anderen nacheifern. Du wirst im Moment so mit dir klarkommen müssen, wie du bist. Vermeide vor allem Eifersucht, Neid oder den etwas naiven Wunsch, es den anderen gleichzutun.

Sechs als fünfte Linie bedeutet: **Du hast eine bezwingende Art nämlich deine Aufrichtigkeit, die dir wirkliche Sympathien einbringt. Du erfährst jetzt sehr viel Unterstützung.** Allerdings mußt auch du damit rechnen, daß du gewisse Autoritäten respektieren mußt und daß dir auch ein paar Grenzen gesetzt werden könnten. Achte darauf, dich selbst zu respektieren.

Neun als sechste Linie bedeutet: Da du offenbar ein großartiges Ziel hast und sehr diszipliniert bist, hast du viel Erfolg. Du besitzt den nötigen Ernst bei der Sache und die Fähigkeit, dich selbst zu erziehen. Hilfreich ist vor allem auch, daß du andere sehr respektieren kannst. Es könnte sich auch einfach um eine glückliche Entwicklung handeln.

15 Zurücknahme

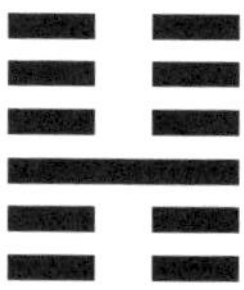

KUN: DIE ERDE

GEN: DER BERG

ZURÜCKNAHME, sich selbst zurückzunehmen, ist nicht ein Zeichen von Schwäche oder Gefügigkeit, sondern entspringt großem Selbstbewußtsein. In dieser Haltung lassen sich langfristige Ziele erreichen und Freunde können gewonnen werden.

Wenn du das Zeichen Zurücknahme erhältst, hängt alles Weitere davon ab, dich richtig einzuordnen. Wichtig wird jetzt, daß du dich auch vor dir selber und deinen Bildern von dir zurücknimmst und nicht zu viel von dir selbst erwartest. Wenn du dies schaffst, brauchst du auch nicht mehr von dir zu demonstrieren als das, was dir zum Selbstausdruck unmittelbar zur Verfügung steht.

Das Bild

Du findest dich in einer Landschaft wieder und betrachtest die Höhe des Berges und die Vertiefungen der Täler. Die Sanftheit der weiten Ebene zieht deinen Blick an. Eine sanfte hügelige Landschaft verrät viel über die Auswirkungen von Einebnung und Anhäufung und die Harmonisierung von Höhenunterschieden. Dort siehst du das Bild des Ausgleichs aller großen Unterschiede. Du könntest durch dieses Bild gefordert sein, deinen Beitrag zur Ebene zu leisten – nicht tief, nicht hoch.

Liebe, Glück, Erfolg

Trümpfe und Joker müssen jetzt im Ärmel bleiben. Die Zeit ist nicht günstig, um angebetete Personen allzu auffällig zu werben. Es reizt dich sehr, einen bewundernswerten Auftritt hinzulegen. Widerstehe diesem Impuls.

LIEBE 愛

Du findest den Königsweg. Disziplinierte Kommunikation bringt dich weiter, aber auch Taktgefühl und Gelassenheit. Du kannst trotz aller Sanftheit mehr Energie an den Tag legen. Wie, das ist eine Sache der Gelassenheit.

GLÜCK 福

Wer zuviel riskiert, sieht sich allein auf der Bühne. Einfühlsame Klugheit ist das Geheimnis des Erfolgs, aber auch eine lockere Haltung. Überlaß nichts dem Zufall – bleibe am Ball, aber nicht zu demonstrativ. Öffne dich für Ideen, die noch reifen müssen.

ERFOLG 富

Die Hinweise in den beweglichen Linien

Sechs als erste Linie bedeutet: Du könntest es überraschend einfach finden, eine große und kompliziert erscheinende Leistung zu erbringen. Das Geheimnis ist hier die relaxte Haltung, vielleicht auch das spielerische Tun. Ohne große Erwartungen scheint einiges wie von selbst zu funktionieren.

Sechs als zweite Linie bedeutet: Deine Freundlichkeit, deine Aufrichtigkeit und dein Charme im Umgang mit anderen bringen dich weiter. Du nimmst dich selbst weniger wichtig und kannst deshalb deine Ziele mit innerer Stärke verfolgen. Du kannst jetzt mehr bewirken, als du dachtest.

Neun als dritte Linie bedeutet: Offenbar bist du in der Position, eine glanzvolle Leistung zu zeigen, und du könntest dir tatsächlich einen Namen machen. Nur gilt für dich gerade das Gebot der Bescheidenheit und Zurücknahme. Deshalb verzichte auf Eitelkeit, sonst setzt schnell Kritik ein. **Denke daran, daß du deine Dinge zum Abschluß bringen willst, und bleibe verbindlich in deinen Äußerungen.**

Sechs als vierte Linie bedeutet: Obwohl auch Zurücknahme übertrieben werden kann, ist sie hier angebracht. Du begibst dich in eine Auseinandersetzung mit Menschen in ganz verschiedenen Positionen und mit unterschiedlichen Befugnissen. Dabei dürfen die Verdienste und Befähigungen derjenigen, die weniger im Mittelpunkt stehen, nicht übersehen werden. Achte besonders auf Abhängigkeits- und Vertrauensverhältnisse, und laß dein Ziel nicht aus den Augen.

Sechs als fünfte Linie bedeutet: Die Zeichen der Zeit unterstützen eine energische Bewegung, um ein bestimmtes Ziel nun endlich zu erreichen. Das heißt, derzeit solltest du dich weniger zurücknehmen, sondern zupackend wirken. Betrachte dein Anliegen sorgfältig und gib ihm eine konkrete Form. Solange du sachlich und korrekt bleibst, hast du große Chancen, jetzt Punkte zu sammeln.

Sechs als sechste Linie bedeutet: Sich zurückzunehmen heißt nicht, daß du dich nicht wehren sollst, wenn es zu Übergriffen durch andere kommt. Allerdings solltest du dich auch bemühen, dich selbst zu motivieren, wenn du merkst, daß du allzu nachgiebig dir gegenüber geworden bist. Für beides bietet sich jetzt eine gute Gelegenheit.

16 Enthusiasmus

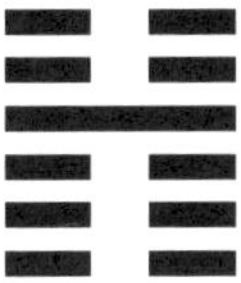

Dschen: Der Donner

Kun: Die Erde

Ohne ENTHUSIASMUS läßt sich nichts vollbringen. Ohne große Freude, die sich mit anderen teilen läßt, und ohne eine große Idee gibt es keinen Enthusiasmus. Menschen lassen sich jetzt für gemeinsame Ziele begeistern.

Wenn du das Zeichen Enthusiasmus erhältst, kann sich dein ganzes Energiefeld neu aufladen. Du steckst andere mit deiner großen Freude an, und sie wiederum können dich begeistern. Du erhältst ein starkes Echo, und dies bringt dich überraschend weiter in deiner Konzentration auf ein Ziel. Dabei spürst du, daß du an einem Punkt bist, der dich kraftvoll mit anderen verbindet. Du erkennst, daß es das ist, was du schon lange gesucht hast.

Das Bild

Über die Erde rollt ungehindert der mächtige Donner. Der Donner beherrscht die Szene, und alle halten den Atem an, so unerwartet ist sein Auftreten und seine Resonanz. Auf dich bezogen bedeutet das: Du erreichst ohne große Widerstände ein – von einer großen Gruppe – bejubeltes Ziel. Freude wirst du jedoch nur empfinden, wenn das Ziel ein friedvolles ist. Daher achte auch auf die Kunst, vor allem die Musik, die in dieser Zeit von den Mitwirkenden geschaffen wird. Große Gefühle der Zusammengehörigkeit werden oft in musikalischen Darbietungen andachtsvoll gefeiert. Daran kannst du sehr viel erkennen.

Liebe, Glück, Erfolg

愛 LIEBE

Feuer und Flamme und kein Ende. Du begegnest einer faszinierenden Persönlichkeit oder triffst sie in Kürze. Eine Gelegenheit, die Batterien aufzuladen und sich Hals über Kopf zu verlieben. Viele Gemeinsamkeiten lassen sich entdecken.

福 GLÜCK

Ups und Downs sind derzeit die Nervenaufreiber Nummer eins, doch das darf dich nicht irritieren. Jetzt surfst du auf einer großen Welle und genießt es! Danach geht's zurück an den flachen Strand.

富 ERFOLG

Du entdeckst einen direkten Weg zu glanzvollen Höhen. Aber bitte erzähle es nicht allen. Der direkte Weg könnte mühsamer sein, als du dachtest. Du wirst getragen von allgemeiner Zustimmung. Doch bleibe vorsichtig und begeistere dich auch für andere Leute.

Die Hinweise in den beweglichen Linien

Sechs als erste Linie bedeutet: Verkünde lieber nicht zu früh, durch welch großartige Verbindungen oder Möglichkeiten deine Ziele erreichbar sind. Dämpfe deine Begeisterung so weit, daß andere daran teilhaben können. So mußt du dich nicht für deine Pläne rechtfertigen und ersparst dir ein paar kraftraubende Neider.

Sechs als zweite Linie bedeutet: Du erkennst, daß du gefordert bist, innerlich bei dir selbst zu bleiben. Deine Reaktionen sollten jetzt schnell und trotzdem sehr vorsichtig sein. Die Zeitumstände sind nicht so stabil, wie du denkst. Klug, wenn du dich nur nach dir selbst richtest und nicht nach oben, nicht nach unten siehst. Für alle Beteiligten gilt, sich lediglich an das Machbare zu halten.

Sechs als dritte Linie bedeutet: Natürlich passiert das immer wieder. Du bist voll Bewunderung für etwas oder für jemanden und vergißt darüber dich selbst und deine eigenen wertvollen Ziele. Du wirst darauf hingewiesen, daß zu langes Zögern sich schädlich auswirken könnte.

Neun als vierte Linie bedeutet: Ohne wirkliche Leidenschaft für deine Idee kommst du nicht weiter. Hier wird dir aber dein großer Enthusiasmus für etwas bestätigt, Zweifel sind jetzt fehl am Platz. **Zeige weiterhin Engagement für deine Sache, und alle anderen werden dich unterstützen.**

Sechs als fünfte Linie bedeutet: Du stehst im Moment einfach zu sehr unter Druck oder Streß und kannst nicht zur Ruhe kommen. Allerdings kann dich dies vor der Gefahr bewahren, deiner schieren Lust und der Faszination von etwas noch Unbestimmten zu erliegen.

Sechs als sechste Linie bedeutet: Du bist durch einen glutvollen Rausch gegangen und spürst entweder jetzt oder in Kürze, daß eine große Ernüchterung einsetzen wird. Das erleben kreative Köpfe und leidenschaftliche Menschen hin und wieder, und das darf dich keinesfalls aus der Bahn werfen.

17 Fans

Dui: Der See

Dschen: Der Donner

Neue Ideen wirken inspirierend und finden FANS. Die gemeinsame Suche nach Freude und Harmonie oder eine kraftvolle Person vereint die Menschen. Große Energie und Ausdauer werden gemeinsam erfahren und weitergegeben.

Wenn du das Zeichen Fans erhältst, wirst du auf die Leichtigkeit verwiesen, mit der sich Menschen dem Heiteren zuwenden. Es vereint die Elemente Freude, Energie und Dynamik. Wenn solche kraftvollen Elemente zusammenwirken, kann sehr viel geschehen. Doch ist es die Zeit, in der sich überall Energien erneuern und die bestimmenden Kräfte einer Angelegenheit sich neu sortieren und strukturieren. Es geht um verantwortungsvolle Zusammenarbeit und Zustimmung, und dies braucht Zeit.

Das Bild

Der See bietet das Bild der Ruhe. Dort jedoch verbirgt sich die elektrisierende Kraft des Donners. Dieser scheint die reine Energie des Sommers zu sein. Hier aber dominiert die Energie des Winters. Es gibt keine kraftvolle Entwicklung, aber eine Konservierung findet statt. Du legst eine Ruhepause ein und paßt dich den jetzigen Gegebenheiten an. Auch all deine Angelegenheiten müssen sich eine Weile erholen. Doch die sommerliche Kraft ruht nur.

Liebe, Glück, Erfolg

愛

Bewundernde Blicke, kleine Flirts. Du triffst neue Menschen. Du kannst verunsichert sein, weil du dich vielleicht vor die Wahl gestellt siehst, wem du den Vorrang geben solltest. Einer ist interessanter als der andere.

福

Du hast es geschafft. Du wirst sehr positiv beurteilt. Du müßtest schon sehr viel falsch gemacht haben, um jetzt Probleme zu haben. Eventuell überlegst du dir einen ganz neuen Weg, der dir besser entspricht.

富

Spannend wird's. Derzeit gewinnen deine Projekte an Fahrt, und du bleibst am besten dran. Bewundere dich selbst, aber auch andere in deiner Nähe. Vielleicht findet sich ein super Team.

Die Hinweise in den beweglichen Linien

Neun als erste Linie bedeutet: Mach dir klar, daß du im Kopf behalten sollst, **was dir wichtig ist. Jetzt kommt die Zeit, in der es wichtig ist, sich anderer Leute Meinung anzuhören.** Dabei ist es wichtig, daß diese Menschen ganz verschieden sind und du sie respektierst. **Verlasse deine gewohnten Wege und suche neue Orte mit neuen Menschen. Das hilft dir weiter.**

Sechs als zweite Linie bedeutet: Eine knifflige Situation. Du bist ratlos, weil du dir über den *Wert* einer bestimmten Person keineswegs im klaren bist. Im Zweifelsfall ist es nicht unbedingt die Person, die dich weiterbringt. Solange du mit dieser Person innerlich verbunden bist, kommst du kaum mit anderen zusammen.

Sechs als dritte Linie bedeutet: Es könnte schon sein, daß du dich für eine einflußreichere Gruppe oder einen besonderen Menschen entscheiden mußt. Das könnte dir eigentlich leicht fallen, weil du von dieser Person sehr eingenommen bist. Aber wie bei jeder Entscheidung *für* etwas geht so eine Umorientierung meist mit einem Verlust einher, weil du dich auch *gegen* etwas oder gegen eine andere Person entscheiden mußt. Denke an das, was dir wichtig ist, und folge dann deiner Intuition.

Neun als vierte Linie bedeutet: Dir und deinen Zielen schließen sich viele Fans an. Allerdings nicht nur, weil sie engagiert sind, sondern weil sie gerne schmeicheln und sich hervorheben möchten. Das ist nicht gerade großartig und wird dich auf Dauer Nerven kosten. Also mache dich lieber schon jetzt unabhängig von Bewunderern, die dich nicht wirklich weiterbringen.

Neun als fünfte Linie bedeutet: **Du brauchst so etwas wie ein leuchtendes Vorbild.** Etwas, das dich mit Recht begeistert und motiviert, oder jemand, der sehr viel von dem verkörpert, was du dir innerlich erarbeitet hast. **Auch du könntest eine solche Rolle für andere spielen.**

Sechs als sechste Linie bedeutet: Du gelangst in die Nähe sehr einflußreicher Menschen. Du hast es verstanden, dich und deine Absichten so kraftvoll zu zeigen, daß du viele Anhänger gewonnen hast. Weiterhin wirst du auf Grund tradierter Werte geprüft und für unterstützenswert gehalten.

18 Klärung

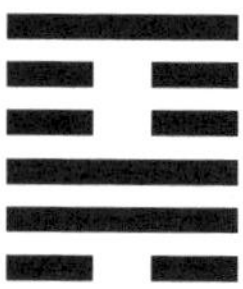

Gen: Der Berg

Sun: Der Wind, das Holz

KLÄRUNG verworrener Verhältnisse hat jetzt Vorrang. Es kann sehr viel unternommen werden. Der Vorgang der KLÄRUNG muß in regelmäßigen Abständen auf

seine Wirkung überprüft werden. Energie und Wirkung stehen in Einklang.

Wenn du das Zeichen KLÄRUNG erhältst, wirst du auf ein Zuviel an Stillstand und Sanftheit verwiesen. Durch das lange Zusammenwirken dieser beiden Zustände ist Stagnation eingetreten. Dies führt dazu, daß sich ein ursprünglich gut funktionierender Bereich jetzt aufzulösen scheint. Hierdurch liegt ein Mißstand vor und sollte durch Bemühungen wieder rückgängig gemacht werden. Du bist gefragt, dafür jetzt die Energie aufzubringen. Überlege einen Zeitplan.

Das Bild

Zu Füßen des Berges ruht es sich gut, und der immerwährende Wind lullt dich ein. Du bist fast nicht mehr bereit, allzu viel zu tun. Dieses Bild zeigt dir ein Empfinden, dem du dich überlassen hast, und wenn du mehr möchtest, wirst du dir ein Ziel suchen müssen. Dazu brauchst du deine Energien. Wenn du dich den Dingen widmest, die getan werden müssen, wird es dir bald viel besser gehen. Es ist ein Zeichen, das dich dazu ermutigt.

Liebe, Glück, Erfolg

愛

Du erinnerst dich? Einiges ist schiefgelaufen, was du lieber vergessen würdest. Vielleicht dauert es ein Weilchen, bis du die richtige Art des Loslassens findest – einer Denkart, einer Erinnerung oder eines Menschen. Bleibe offen, vor allem dir selbst gegenüber.

福

Lust und Zeit aufzuräumen hast du nicht immer. Was immer es ist, es ist wichtig. Beginne einfach mal mit einer Sache, die dir leichter fällt, und erledige jeden Tag etwas davon. Du findest Unterstützung, wenn du dich umsiehst.

Solange du deine Identität an alten Irrtümern festmachst, kann nur wenig Positives passieren. Du könntest jetzt Relikte langsam oder schneller aus dem Weg zu räumen – je nach deinen Kräften.

Die Hinweise in den beweglichen Linien

Sechs als erste Linie bedeutet: Seit längerem beherrscht und fasziniert dich eine Vorstellung, die aber nicht mehr zu deiner Gegenwart gehören sollte. Du solltest dich nicht völlig von deiner Idee trennen, aber sie doch irgendwie verändern. Es könnte sein, daß mit der Aufgabe der Idee ein großer Traum beerdigt werden muß, und das schmerzt dich. Es könnte sein, daß es nicht nur dein Traum war, sondern auch der von anderen.

Neun als zweite Linie bedeutet: Wenn du darüber nachdenkst, wirst du feststellen, daß du dich von allen möglichen Umständen und Menschen sehr hast beeinflussen lassen, und das hat dir auf lange Sicht mehr geschadet, als du dachtest. Mache dich ein wenig unabhängiger von anderen, aber bleibe dabei freundlich.

Neun als dritte Linie bedeutet: Du bist ziemlich resolut beim Ansteuern neuer Ziele und dabei, eine alte Situation zu verlassen. Du glaubst, mit dieser alten Situation nicht viel zu schaffen zu haben. Aber du bist doch noch mehr damit verbunden als gedacht. Das könnte nicht immer großartige Gefühle hervorrufen. Aber besser, jetzt viel als gar nichts zu unternehmen.

Sechs als vierte Linie bedeutet: Du bist wie gelähmt, weil du soviel über große Probleme in der Vergangenheit nachdenkst, daß du die neuen Zeichen der Zeit fast übersiehst. Das könnte dich in eine komplizierte Lage bringen. Wende dich entschlossen ab.

Sechs als fünfte Linie bedeutet: **Gut für dich, daß du nicht ganz allein bist. Du kennst ein paar gute Leute, die an deiner Seite stehen, wenn es darum geht, mit altem *Müll* fertig zu werden.** Wenn du erst einmal angefangen hast, geht es sehr viel schneller als angenommen.

Neun als sechste Linie bedeutet: Du stellst fest, daß du einige hohe Ideale hast, denen du dich ganz und gar verpflichtet fühlst. Trotzdem mußt du dich um die Realitäten des Alltags kümmern. Diese verlangen von dir resolute Tatkraft. Aber du wirst dich immer wieder an deine alten Ziele erinnert fühlen.

19 Bewegung

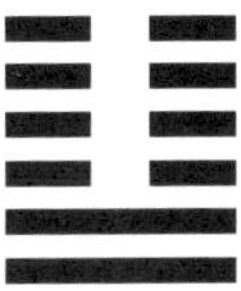

KUN: DIE ERDE

DUI: DER SEE

BEWEGUNG geschieht gesetzmäßig. Ausdauer erweist sich als wertvoll. Menschen bewegen sich, unabhängig von Status oder ihrer Position aufeinander zu und akzeptieren sich.

Wenn du das Zeichen BEWEGUNG erhältst, wirst du auf eine gute Zeit eingestimmt. Denn hier wird dir Unterstützung zugesagt. Auch wichtige Menschen, mit denen du normalerweise nicht in Beziehung treten würdest, kannst du jetzt erreichen. Allerdings ist diese wohltuende Zeit nicht von Dauer. Dennoch wird dir die Erfahrung guttun.

Das Bild

Du betrachtest den geheimnisvollen See und seine Ufer, die ihn umgrenzen und beschützen. Der See symbolisiert Tiefen der Weisheit und Erkenntnis, die ein Kollektiv verbindet und die mit Faszination individuell oder gemeinsam entdeckt werden. Fast denkst du, die Zeit steht still, doch die Ruhe in der Gegenwart schließt die Zukunft mit ihren Veränderungen ein. Etwas beginnt zu wirken.

Liebe, Glück, Erfolg

愛

Erstaunlich, wem du derzeit so begegnest. Es ist nicht unbedingt eine neue Liebe. Vielleicht erfüllt dich eine Person vorübergehend wie eine bereichernde Faszination, die dich belebt und beglückt.

福

Tatsächlich bewegt sich etwas. Manches ist nicht so super, wie es auf den ersten Blick wirkt. Du kannst dir aber aussuchen, was du wirklich positiv und gut findest. Wenn du dich umsiehst, stellst du fest, daß du dabei genau beobachtet und bewertet wirst.

富

Unerwartete Annäherungen könnten derzeit möglich werden. Vielleicht für einen neuen Job oder ein Ziel, das du erreichen möchtest.
Die Chancen stehen sehr gut für eine überraschende und positive Veränderung.

Die Hinweise in den beweglichen Linien

Neun als erste Linie bedeutet: **Es sieht so aus, als ob du von der Gunst der Zeit getragen wirst.** Doch hast du dies deinen großen Anstrengungen und deiner kontinuierlichen Ausdauer zu verdanken. Auch wenn du den Mainstream ablehnst, findest du es mal ganz angenehm, solange du dich bei dir selbst weißt.

Neun als zweite Linie bedeutet: **Dinge, die du dir gewünscht hast, kommen jetzt in Bewegung.** Du könntest von einer übergeordneten Stelle die Aufforderung erhalten, dich und deine Fähigkeiten zu präsentieren. Das sieht gut für dich aus. Auch wenn du weißt, daß nicht alles Gold ist, was glänzt, und auch nicht ewig währt, solltest du deine Chancen nutzen.

Sechs als dritte Linie bedeutet: Du fühlst dich gut und bist auch gut drauf. Aber manchmal könntest du dann doch etwas zu nachlässig werden – vor allem in Umgang mit anderen. Da dir dies letztlich mehr schaden als nutzen wird, denke mal darüber nach, was dir schon längst selbst an dir aufgefallen ist und du leicht ändern könntest. Sich nicht nur der Gunst der Zeit zu überlassen, sondern vorwärtszugehen, wäre jetzt ein guter Schritt.

Sechs als vierte Linie bedeutet: Obwohl du nicht die besten Voraussetzungen für eine wichtige Situation mitbringst, erhältst du sehr viel Vertrauen von einer Persönlichkeit, die du bewunderst und die einen ganz anderen Rang einnimmt. Die Situation bekommt neue Schubkraft, und dies tut dir insgesamt sehr gut.

Sechs als fünfte Linie bedeutet: Hier wird auf die Kunst des Delegierens verwiesen und die Fähigkeit, auf die richtige Weise Vertrauen in andere zu setzen. Dazu gehört auch die Kunst, sich zurückzunehmen. Dieser Hinweis sagt, daß eventuell ein Auswahlverfahren stattfindet, das günstig für dich ausgehen könnte. Es kommt wieder Bewegung in ein altes Vorhaben.

Sechs als sechste Linie bedeutet: Du könntest entweder von der Weisheit und Erfahrung einer sehr viel älteren Person profitieren oder die Gelegenheit haben, eine außerordentliche Persönlichkeit kennenzulernen, die dich fördert. Diese Unterstützung wird dich wieder in Schwung bringen und dich mit Selbstbewußtsein erfüllen. Möglicherweise bist du sogar selbst diese uneigennützige Autorität.

20 Anblick

Sun: Der Wind, das Holz

Kun: Die Erde

ANBLICK umschließt Beurteilung und Besichtigung. Es wird überlegt über den Vorgang einer bereits vollbrachten oder zu vollbringenden Handlung. Diese ist hier jedoch noch nicht abgeschlossen. Eine Absichtserklärung ist noch keine vollendete Tatsache.

Wenn du das Zeichen Anblick erhältst, wirst du darauf hingewiesen, daß nicht alle das Gleiche sehen, obwohl sie scheinbar das Gleiche anschauen. Immerhin ist deine Einschätzung der Situation nicht ausschließlich von Bedeutung. Du wirst sehen müssen, ob sie realistisch ist. Es kann hier auch um eine intuitive Wahrnehmung gehen. Von Menschen, die die Fähigkeit zu einer solchen Wahrnehmung besitzen, geht oft eine fast magnetische Kraft aus.

Das Bild

Der Wind weht über die Erde. Er bewegt selbst das kleinste Blatt. Der Wind symbolisiert den Einfluß und die weitreichende Wirkung großer Persönlichkeiten. Ihrer sensiblen und intelligenten Wahrnehmung entgeht kaum etwas. Auch du könntest so von Autoritäten, von denen du abhängst, geprüft und eingeschätzt werden.

Liebe, Glück, Erfolg

LIEBE 愛

Du hast auf dich aufmerksam gemacht, und jetzt wirst du beobachtet. Jemand versucht dich zu erfassen, wie du bist. Dieses Interesse ist gegenseitig, und du machst genau dasselbe. Du wirst abwarten müssen, wie dieser Check ausgeht.

GLÜCK 福

Jetzt siehst du klar und probierst es mit Selbstüberprüfung und Selbsteinschätzung. Ein klares Bild könnte sich ergeben. So ein Bild wünschen sich auch andere von dir. Das Urteil fällt nicht härter aus als notwendig, vermutlich sogar gut.

ERFOLG 富

Keine guten Chancen, wirklich große Dinge zu erwarten. Es hängt ganz davon ab, wie du wahrgenommen wirst. Allerdings birgt die Situation durchaus Potential für Verbesserungen in der Zukunft. Doch nichts wird wirklich jetzt entschieden.

Die Hinweise in den beweglichen Linien

Sechs als erste Linie bedeutet: Du bist aufgefordert, dir etwas mehr Gedanken über alle Einflüsse zu machen, die eine Situation bestimmen, und sie zu unterscheiden. Von einem weniger anspruchsvollen Geist wird so etwas nicht erwartet, aber von dir schon.

Sechs als zweite Linie bedeutet: Je größer dein Vorhaben ist, desto größer muß auch deine Perspektive sein, mit der du die Auswirkungen betrachtest. Bei einem großen Plan wirst du selbst mal einen ganz coolen Blick auf alles werfen und manchmal auch selber ein strenges Urteil fällen müssen.

Sechs als dritte Linie bedeutet: Wenn du dich und deine Wirkungen jetzt selbst besser beobachtest, kannst du deine Pläne und dich besser erkennen. Und zwar objektiv. Das könnte auch heißen, daß du dich von einigen Vorhaben verabschieden mußt.

Sechs als vierte Linie bedeutet: Wenn du in der Lage bist, die wirklich positiven Punkte einer Situation oder Sache zu sehen – wie die Lichter in der Dunkelheit –, dann hast du die besten Voraussetzungen, als wichtige Person wahrgenommen und geehrt zu werden. Strenge dich an, es könnte eine große Chance sein. Achte dich selbst mehr, weil du dich dann mit größerem Respekt – für dich selbst – entscheiden kannst.

Neun als fünfte Linie bedeutet: Wenn du in der viel beachteten Position bleiben willst, mußt du ständig bereit sein, dich selbst zu überprüfen. Sieh dir deshalb gründlich und emotionslos an, welche Wirkungen von dir ausgehen. **Diese Selbstüberprüfung könnte doch erstaunlich gut ausfallen.** Zweifel sind im Moment nicht angebracht.

Neun als sechste Linie bedeutet: Die Betrachtung und Überprüfung deiner Person ist hier abgeschlossen, auch der kritische Rückbezug auf dich selbst. **Du kannst vermutlich feststellen, daß ein bedeutender Reifepunkt erreicht worden ist. Hake das Thema ab und sei zufrieden mit dir selbst.**

21 Durchtrennung

Li: Das Feuer

Dschen: Der Donner

DURCHTRENNUNG erfolgt nach klarem Erkennen einer hartnäckigen Blockade. Diese muß erst gesucht und erkannt werden. Entschlossenheit ist erforderlich.

Wenn du das Zeichen DURCHTRENNUNG erhältst, werde dir der Spannungen bewußt, die jegliche fließende Vorwärtsbewegung in frustrierender Weise behindern. Die Hindernisse, die du spürst, aber nicht exakt benennen kannst, mögen sich an einer unerreichbaren Stelle befinden. Doch es ist möglich, dieses Hindernis auszumachen und zum richtigen Zeitpunkt aus dem Weg zu räumen. Du könntest einen oder mehrere Gegner haben.

Das Bild

Du spürst, wie die Spannung in der Luft knistert. Ein Blitz zuckt über den Himmel, gefolgt vom Grollen des Donners. Die schwer erträgliche Spannung beginnt sich zu lösen. Aus diesem Naturbild läßt sich die Zwangsläufigkeit von Konsequenzen ersehen, die sich aus zu lässigem oder fahrlässigem Handeln ergeben. Eine Situation muß kraftvoll durchschritten werden.

Liebe, Glück, Erfolg

LIEBE 愛

Manchmal muß es sein – sich energisch von einer anderen Person abzuwenden. Oder aber zu erkennen, daß es Konkurrenten gibt. Macht nichts, da müssen alle mal durch, und später läuft es dann anders, dafür locker und leicht.

GLÜCK 福

Vielleicht gibt es einige übelwollende Naturen in deiner Umgebung, von denen du dich jetzt ganz einfach, vor allem aber innerlich trennen kannst. Du bist entschlossen und läßt dich nicht von jedem einwickeln. Adieu Lethargie!

ERFOLG 富

Paß auf, was du machst. Du kannst eine Schlacht schlagen und es dabei gehörig übertreiben. Allerdings ist das ja mitunter durchaus angebracht. Überlege vorher, was danach kommen soll.

Die Hinweise in den beweglichen Linien

Neun als erste Linie bedeutet: Du bist offenbar dabei, ein paar kleinere Fehler zu machen – sei es aus Langeweile oder weil du zu nichts Lust hast. Da wäre es besser, darüber nachzudenken, wie du dieser Situation schnell wieder entkommst. Du wirst dich ja kaum länger als unbedingt notwendig in einer festgefahrenen Situation befinden wollen.

Sechs als zweite Linie bedeutet: Du hast einen Feind ausfindig gemacht und bist dabei in deinem Zorn eher zu gründlich als zu lasch, ihm das Handwerk zu legen. Doch was sein muß, muß eben sein. Bemühe dich bald wieder um eine relaxte Einstellung.

Sechs als dritte Linie bedeutet: Es ist so, daß du große Probleme hast, dich zur Wehr zu setzen. Deshalb kommt immer wieder ein altes Übel durch, und du erschöpfst dich. Es wäre an der Zeit, dir wenigstens vorzunehmen, in Zukunft konkreter zu werden.

Neun als vierte Linie bedeutet: Du hast es nicht gerade leicht, weil du wirklich hartnäckige Gegner hast, die auch noch mächtiger sind, als du dir wünschen würdest. Als Bild suggeriert das I GING: Stelle dir mit innerer Kraft Pfeile vor, die ihr Ziel schließlich erreichen. Deine Chancen stehen gut.

Sechs als fünfte Linie bedeutet: **Du findest es schwierig, eine kraftvolle Entscheidung zu treffen, die das Hindernis beseitigen würde.** Du mußt auf eine sehr sanfte Weise, aber dennoch entschlossen dein Ziel erkennen und direkt darauf zugehen. Vielleicht wirst du beobachtet, ob du dabei Fehler machst. Kümmere dich nicht groß darum, sondern **denke an deine Ziele.**

Neun als sechste Linie bedeutet: Er oder sie will nicht hören! Andere oder du werden gewarnt. Jemand, der immer wieder wegsieht, weil es auf ein paar kleine Ungerechtigkeiten, sogenannte Versehen oder andere schnell vergessene Kleinigkeiten nicht ankommt, der wird irgendwann doch ärgerliche Situationen erfahren. Allein durch das Schuldgefühl.

22 Charme

GEN: DER BERG

LI: DAS FEUER

Auch verhaltener CHARME führt zum Ziel. Aber es sind nur kleine Manöver, die dadurch unterstützt werden.

Wenn du das Zeichen CHARME erhältst, bist du in der glücklichen Situation, dich relaxt, in Ordnung, schön und wunderbar zu fühlen. Das ist großartig. Doch es könnte sich auch nur um einen zauberhaften Moment handeln. Um das Glück und die Zufriedenheit eines hervorgehobenen Augenblicks. Nutze diese Zeit, um deine ästhetischen Bedürfnisse zu erfüllen. Denn du weißt, daß dies noch nicht von Dauer ist.

Das Bild

Eine wunderbare Situation. Du siehst alles aus einer eigentümlichen Ferne und Distanz. Du fühlst dich entspannt wie bei der Betrachtung eines schönen Sonnenuntergangs, bei dem sich der Gipfel eines Berges gegen den faszinierend beleuchteten Himmel abzeichnet. Gleich wird dieser schöne Augenblick vorüber sein. Vergeude diesen zauberhaften Moment nicht, indem du über große Entscheidungen nachdenkst. Sie hätten ohnehin keine weitreichenden Folgen.

Liebe, Glück, Erfolg

Leichte Neigung zu verklärtem oder idealisiertem Blick auf eine auserkorene Person. Die Chancen, daß du einem ebenso begabten Träumer begegnest, sind nicht schlecht. Sogar, daß ihr eine Weile zusammen weiterwandert.

Du bist nicht allein in einer verzauberten Stimmung. Auch andere machen große Pläne und müssen sie dann etwas revidieren, wenn nicht sogar ganz aufgeben. Doch diese Phase deines Lebens ist dafür äußerst genußreich.

Wer nicht träumt, kommt nie weiter. Darauf zu bauen, daß alles, was du dir derzeit vorstellen kannst, zu erreichen ist, wäre absurd. Trotzdem kannst du vielleicht mit einer Idee etwas Größeres starten. Doch das alles braucht seine Zeit. Die ist noch nicht gekommen.

Die Hinweise in den beweglichen Linien

Neun als erste Linie bedeutet: Wie angenehm und gut es ist, mehr Zeit zu haben, langsame Schritte zu machen und dabei nachzudenken. Deshalb läßt du eine scheinbare Chance, vielleicht schneller voranzukommen, gerne ungenutzt.

Sechs als zweite Linie bedeutet: **Du gehst langsam und relaxt durch eine Zeit, in der dir vieles hübsch erscheint.** Und um dieses Bild zu verstehen, könntest du über folgende Aussage nachdenken: Eine Fotografie ist zur Zeit genauso real für mich, wie der Gegenstand, den sie zeigt.

Neun als dritte Linie bedeutet: Wie ist das Leben doch heute bezaubernd und hinreißend! Und alle Menschen, denen du gerade begegnest, sind phantastisch. Wenn es nur so bliebe. Das wird aber nicht der Fall sein. Leider! Doch ist es wunderbar, hier und jetzt so zu empfinden. Genieße es intensiv und baue es irgendwann in etwas Realistisches ein.

Sechs als vierte Linie bedeutet: Es ist an der Zeit, daß du dich wieder realistischeren Dingen zuwendest und dich aus deinem Zauber löst. Doch dazu brauchst du zumindest ein paar wunderbare und erhebende Gedanken. Vielleicht findet sich sogar ein idealer und fester Freund, mit dem vieles zu machen ist und der dir hilft, dich von deinen Illusionen zu lösen. Er könnte bereits auf dem Weg sein.

Sechs als fünfte Linie bedeutet: Mitten in einer Situation, die äußerlich glanzvoll erscheint, aber eigentlich unwichtig ist, hast du große Lust, dich zurückzuziehen. Wenn du dich umsiehst, entdeckst du einen Menschen, den du gerne zum Freund hättest. Vielleicht bewunderst du ihn sogar scheu. Du denkst, du hättest nichts zu bieten. Doch das ist nicht der Fall. Habe ein bißchen mehr Mut und Selbstbewußtsein, und es geht gut.

Neun als sechste Linie bedeutet: Nun entscheide dich doch mal für dich selbst und nicht für überflüssigen Hokuspokus. Alles ist gut, so wie es ist. Das gilt auch für dich. Du mußt dich weder aufpeppen noch mehr darstellen. **Sei klar und einfach.**

23 Zerfall

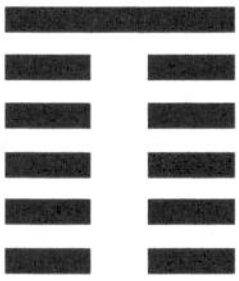

Gen: Der Berg

Kun: Die Erde

ZERFALL liegt im Zuviel der verschiedenen Möglichkeiten verborgen. Die Kraft hat sich verteilt auf zu viele verschiedene Handlungsstränge, die sich jetzt nicht mehr weiter vorantreiben lassen.

Wenn du das Zeichen Zerfall erhältst, hast du Anlaß, dich in einer ergebenen Haltung zu üben. Damit erkennst du an, daß es Zeitumstände gibt, die kompliziert und diffus sind und einfach jeglichen Fortschritt behindern. Überall gibt es Einflüsse, die dich sogar ängstigen könnten und die du irgendwie überwinden mußt. Stärke deshalb deine innere Kraft.

Das Bild

Die Betrachtung der Landschaft zielt auf den Berg, der sich über der Erde erhebt. An seinem Fuß ist er breit, und langsam verjüngt er sich bis zum Gipfel. Solange sich der Berg maßvoll erhebt, ist er nicht in Gefahr einzustürzen. Darin sieht das erhabene I Ging ein Bild, das auch das Verhältnis von Herrschenden zum Volk symbolisieren kann. Häufen die Oberen immer mehr nur zu ihren Gunsten an, bringt das ein ganzes System zum Einsturz. Eine kluge Regierung weiß das.

Liebe, Glück, Erfolg

愛 LIEBE

Kann sein, daß Tränen fließen. Nichts läuft im Moment so, wie du es dir innig gewünscht hast. Diese Erfahrung führt dich zu dir selber. Nichts ist passiert, von dem du nicht schon vorher überzeugt warst.

福 GLÜCK

Du machst die Erfahrungen einer Heldin oder eines Helden. Die Stunde vor Sonnenaufgang ist die finsterste und kälteste. Um das zu wissen, mußt du sie erlebt haben. Denke jetzt oft an Schönes. Vielleicht distanzierst du dich von einigen Leuten.

富 ERFOLG

Du kannst machen, was du willst. Du bewegst nichts und niemanden. Deine Projekte werden zurückgewiesen, und du willst aufgeben. Jetzt ist es angebracht, Sport zu treiben, fitter zu werden und danach ein neues Ziel anzusteuern. Dieses könnte sehr erfolgreich sein.

Die Hinweise in den beweglichen Linien

Sechs als erste Linie bedeutet: Es gibt – warum und wo auch immer – genügend Raum, daß sich negative Kräfte ausbreiten können. Vielleicht sind es wirkliche Gegner, vielleicht eine unbewußte Geisteshaltung. Aber eine Situation ist dadurch gefährdet. Ebenso laufen deine Energien Gefahr, unterwandert zu werden.

Sechs als zweite Linie bedeutet: Eine sehr schwierige Situation hat sich zugespitzt. Du bist und fühlst dich isoliert und hast keinen Einfluß auf die Situation. Deshalb wäre es klug, diese Situation innerlich zu verlassen und ihr auszuweichen. Beharre jetzt nicht auf deinem Standpunkt.

Sechs als dritte Linie bedeutet: Betrachte einmal genauer, mit wem du zur Zeit häufiger zusammen bist. Es kann sein, daß dies nicht die richtige Umgebung für dich ist. Überlege, mit wem du dich innerlich am meisten verbunden fühlst und versuche, hier den Kontakt zu halten. Selbst wenn du dich von deiner jetzigen Gruppe löst, ist es kein Verlust.

Sechs als vierte Linie bedeutet: Eine Situation strapaziert dich sehr. Ziehe dich möglichst ganz daraus zurück. Dazu hast du verschiedene Möglichkeiten. Es lohnt sich, jetzt sachlich darüber nachzudenken. Sei stark.

Sechs als fünfte Linie bedeutet: In einer schwierigen Lage ist es im Moment vorteilhaft, in der geschwächten Position zu sein. Du kannst einen großen Vorteil daraus ziehen, indem du geschickt die – möglicherweise paradoxen – Umstände der Zeit nutzt und voll Sicherheit und Kraft handelst. Sichere dir die Unterstützung scheinbar schwacher Kräfte.

Neun als sechste Linie bedeutet: **Endlich werden alle Schwierigkeiten überwunden** – auf die Nacht folgt ein neuer Tag. Du hast viele Chancen, und deine Gegner müssen sich zurückziehen. Das erhabene I GING ist voller Freude darüber, daß *das Böse immer auch an seiner eigenen Bosheit zugrunde gehen wird, da es ganz und gar aus der Verneinung lebt* (Richard Wilhelm, I GING). Da stellt sich dir noch die Frage, was du dir eigentlich selbst zugetraut hast und wie du mit dir umgegangen bist.

24 Kreislauf

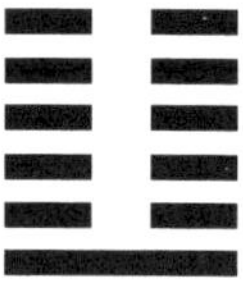

KUN: DIE ERDE

DSCHEN: DER DONNER

Ein KREISLAUF besitzt Anfang und Ende. Der Weg eines reifen Menschen folgt, manchmal erst im Rückblick erkennbar, einer Spirale, die sich immer weiter entwickelt und sich nach oben bewegt.

Wenn du das Zeichen KREISLAUF erhältst, atme auf, denn du bist in einer günstigeren Position. Du siehst wieder Licht am Horizont, und das erlaubt dir eine positive Grundstimmung. Auch deine Kontakte werden vielfältig sein. Doch du kannst auch erleben, daß bestimmte Dinge immer wieder passieren. Das könnte dich nachdenklich stimmen.

Das Bild

Du bist noch tief berührt vom mächtigen Donnerhall, und du betrachtest den Berg, der sich dir unbeschadet zeigt. Es ist wieder Ruhe eingekehrt, und du bist dankbar für die friedliche Atmosphäre. Du kannst wieder schneller handeln, aber du möchtest keine neuen Experimente riskieren. Es wäre klug, jetzt eine gute Routine zu entwickeln.

Liebe, Glück, Erfolg

Ein verhängnisvoller Tango zu zweit muß nicht ewig getanzt werden. Du versäumst interessantere Personen. Oder du tanzt leidenschaftlich Tango – mit ewig dem gleichen Typ.

LIEBE 愛

Manches wiederholt sich, und du lernst einiges über Gesetzmäßigkeiten. Sehr vorteilhaft zur Erringung von Weisheit. Ein wenig Inventur könnte nicht schaden. Nicht alle Bekannten sind unersetzlich, und nicht jeder Tag, jeder Monat und jedes Jahr müssen vorhersehbar sein.

GLÜCK 福

Es sieht so aus, als ob du entschieden die Richtung wechseln solltest. Zumindest ein wenig. Mache dich mit dem Gedanken vertraut. Nicht immer muß alles so bleiben, wie es ist oder war. Blick nicht zurück, wenn du es geschafft hast. Erneuere Gedanken, Ansichten, Träume, Visionen.

ERFOLG 富

Die Hinweise in den beweglichen Linien

Neun als erste Linie bedeutet: **Nobody is perfect – und ein paar kleinere Fehler mußt du dir einfach großmütig verzeihen.** Hauptsache, du hast sie erkannt. Überprüfe aber ernsthaft, welchen Gedanken du nachhängst und sortiere unheilvolle möglichst schnell aus.

Sechs als zweite Linie bedeutet: Du bist noch unsicher, ob du genügend Kraft hast, um entscheidend das Ruder herumzuwerfen. Suche dir ein paar Vorbilder und tue es einfach. Bestimme die Richtung und vertraue auf deine Willenskraft.

Sechs als dritte Linie bedeutet: Du bist vielleicht am meisten genervt von dir selber. Weil du hin und her überlegst und dich kaum entscheiden kannst, an einer positiven und kraftvollen Einstellung ernsthaft festzuhalten. Solange du dich nicht im negativen Denken oder einer anderen negativen Haltung festgefahren hast, gibt es noch einen Ausweg. Denn du kannst es ja immer noch schaffen, dich für dich selbst zu entscheiden.

Sechs als vierte Linie bedeutet: Langsam erkennst du, daß du nicht in bester Gesellschaft bist. Niemand paßt richtig zu dir. Deshalb erinnere dich an deine wirklichen guten Freunde und Ideale und wende dich ab. Auch wenn du dich erst einmal etwas allein fühlst.

Sechs als fünfte Linie bedeutet: Erkenne einen Fehler und gestehe ihn ein. So kannst du deine geschwächte Position in eine starke umwandeln. Du wirst es nicht bereuen. Eine gute Gelegenheit, wieder Kraft zu tanken und eine neue Vorstellung von dir selbst zu gewinnen.

Sechs als sechste Linie bedeutet: Das erhabene I GING teilt dir mit, daß es mit großer Ernsthaftigkeit Zeitumstände als günstig oder ungünstig beurteilt. Diese hier sind gar nicht günstig, weil du gerade dabei bist, dich endgültig für das *Im-Kreis-Gehen* zu entscheiden. Falls es nicht schon zu spät ist, ändere grundlegend dein Zeitverständnis und deine Weltsicht. Sei auch offener, was deine eigene Lebensplanung angeht. Sonst wirst du Konsequenzen tragen müssen.

25 Ohne Absicht

KIEN: DER HIMMEL

DSCHEN: DER DONNER

OHNE ABSICHT erhält sich innere Freiheit und Zuversicht. Ohne zu handeln, erfolgt Geschehen. Ohne Manipulation erfüllt sich ein Ziel. Ohne Zutun werden Ziele erreicht oder knapp verfehlt.

Wenn du das Zeichen OHNE ABSICHT erhältst, kannst du eine faszinierende Lektion lernen. Sie handelt vom Zusammenhang aller Dinge und davon, daß du ein Teil von allem bist. Es gibt eine höhere Ordnung, und es könnte sich als weise herausstellen, sich dieser immer bewußt zu sein. Absichtsloses Handeln ist wie eine besondere Begabung, die du dir erarbeiten kannst, indem du losläßt und annimmst, was passiert.

Das Bild

Blicke hinauf zum Himmel – auch im übertragenen Sinn – und lausche dem verhallenden Klang des Donners. Atme tief durch und überlasse dein Wünschen und Wollen dem Universum. Lächle und sei dankbar, was auch immer passiert. Es kann sich sehr viel verändern, und je unbeteiligter du bist, desto besser für dich. Das kann sich aber erst auf längere Sicht erweisen.

Liebe, Glück, Erfolg

Begegnung wie in einem verzauberten Traum. Doch niemand kann einen Traum festhalten. Es geht realistisch weiter, und Wünsche und Rätselraten führen nur in die Irre. Bleibe bei dir, wenn du kannst.

LIEBE 愛

Du kannst lässig abwarten und mußt nicht großartig agieren. Ist der Gedanke nicht wunderschön, daß ein perfekter guter Plan für dich existiert? Nicht, daß du gar nichts machen solltest. Aber den richtigen Moment erkennen – warten können, zulassen, anpacken.

GLÜCK 福

Manches kann jetzt gelingen, wenn du zu großen Ehrgeiz einfach losläßt. Nicht an die Zukunft denken – das Jetzt, der Tag, die Stunde zählen. Hier liegt deine Kraft. Warten heißt nicht, zu grübeln.

ERFOLG 富

Die Hinweise in den beweglichen Linien

Neun als erste Linie bedeutet: **Vertraue auf die schöne Energie des Anfangs und auf deine Begeisterung, dann geht alles gut. Es gibt nichts zu tun.** Außer zu leben und zu wissen, daß es weitergeht.

Sechs als zweite Linie bedeutet: Einfach vorangehen und dich an dem erfreuen, was dich erfüllt. Zukunft außer acht lassen und das Jetzt genießen. Denke voll Begeisterung über das nach, was du tun willst und nicht, wie großartig dir ein Lorbeerkranz stehen würde. Denn der Weg ist das Ziel. Was auch immer du gerade tust, es ist gut für dich.

Sechs als dritte Linie bedeutet: Wenn für eine Aktion, die eigentlich wunderbar in Ordnung ist, der Zeitpunkt nicht stimmt, kann sie fehlschlagen. Hier und jetzt ohne direkte Wunscherfüllung leben zu können, wäre wunderbar.

Neun als vierte Linie bedeutet: Vertraue auf dich. Deine Entwicklung hat Bestand. Sei dir sicher, daß dir niemand etwas nehmen kann, solange es nur wirklich ganz und gar deine Sache ist. Bleibe dir selbst treu und laß dich nicht von anderen beeinflussen.

Neun als fünfte Linie bedeutet: Wenn du erkennst, daß du nicht zu einer mißlungenen Situation beigetragen hast, mußt du dir auch keine großen Gedanken machen, schnell etwas Großartiges dagegen zu unternehmen. **Warte erst mal ab. Die Dinge werden sich regeln.** Das braucht ein bißchen Zeit.

Neun als sechste Linie bedeutet: Du mußt einsehen, daß du jetzt nichts unternehmen sollst und darfst, weil du damit gegen die Gesetze der Zeit verstoßen würdest. Diese sind undurchschaubar. Du mußt im Augenblick abwarten.

26 Disziplin

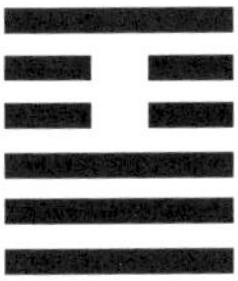

Gen: Der Berg

Kien: Der Himmel

DISZIPLIN schenkt Strenge, Kraft und brillante Klarheit. Entschlossenheit folgt dem Willen, der sich den Zeitumständen beugt, aber nicht von ihnen gebrochen wird.

Wenn du das Zeichen Disziplin erhältst, bist du von großer Energie erfüllt und umgeben. Vieles konzentriert sich jetzt, und du hast den starken Willen voranzukommen. Doch einige Hindernisse müssen zunächst geschickt umrundet werden. Du machst Fortschritte im Bereich des strategischen Denkens. Es ist eine große Zeit, auf passive Weise – das heißt zunächst innerlich – aktiv zu werden und konstruktive Schritte sorgfältig zu überlegen.

Das Bild

Du stehst auf der Spitze des Berges und bist vom Himmel umgeben. Unter dir schwimmen Nebelbänke, und du empfindest auch sie als einen Teil des Himmels. Die großen, befreienden Kräfte der Natur sind dir willkommen, und du bist eins mit ihnen geworden. Du spürst große Kraft. Du bist ein Teil des Ganzen, und du besitzt die Kraft des Ganzen. Deshalb spielt der Platz, den du im Ganzen einnimmst, im Moment keine Rolle.

Liebe, Glück, Erfolg

愛 LIEBE

Große Gefühle haben alle Zeit der Welt. Nicht jetzt, hier, heute. Darüber kannst du dir gewiß sein und abwarten, wie es weitergeht. Allerdings ohne dir dauernd Gedanken zu machen.

福 GLÜCK

Es trifft sich gut. Genau jetzt bist du stark genug, auch eine schwierige Situation durchzustehen. Mit dem Ziel, sie hinter dir zu lassen. Laß dich nicht beirren oder durcheinanderbringen.

富 ERFOLG

Du erkennst die Schwierigkeiten, Verflechtungen, Ansprüche und vielleicht sogar Intrigen. Doch dies souverän zu überblicken, ohne zu verurteilen, bringt dich tatsächlich in Kontakt mit deiner Basisenergie. Von dieser Basis aus kannst du konzentrierter agieren.

Die Hinweise in den beweglichen Linien

Neun als erste Linie bedeutet: Du würdest jetzt sehr gerne kraftvoll zu Werke gehen und eine Sache endgültig durchziehen. Aber die Zeit ist extrem ungünstig, und du mußt warten, bis sich eine klare Möglichkeit zum Handeln ergibt. Die Devise lautet: Stark bleiben und stärker werden.

Neun als zweite Linie bedeutet: Du erkennst klar ein viel zu starkes Hindernis, und deshalb ist ein Vorwärtskommen derzeit unmöglich. Auf diese Weise schonst du allerdings deine Kräfte für einen späteren Zeitpunkt.

Neun als dritte Linie bedeutet: Langsam verschwinden die nervigen Hemmnisse, und du kannst deine Pläne weiter vorantreiben. Allerdings mußt du noch auf der Hut sein, weil du jederzeit von außen behindert werden könntest. Vergewissere dich deiner Ziele und vergleiche deine Lebensumstände nicht mit denen anderer.

Sechs als vierte Linie bedeutet: Du begreifst, daß du durchaus in der Lage bist, dich und andere zu disziplinieren und zu mäßigen. Handele dementsprechend wenig und ruhig. So mußt du später nichts bereuen. Alles klappt jetzt sehr gut.

Sechs als fünfte Linie bedeutet: **Du erhältst einen Hinweis auf die Notwendigkeit innerer Ruhe** und die wachsende Fähigkeit, ungestüme Gedanken und Handlungen abzulehnen – bei dir und bei anderen. Dies ist eine gute Erfahrung.

Neun als sechste Linie bedeutet: Der Zeitpunkt ist da, auf den du vielleicht sehr lange gewartet hast. **Du kannst jetzt unbesorgt vorwärtsgehen und deine ganze Energie einsetzen. Du wirst Erfolg haben.** Deine Energien sind perfekt auf ein größeres Ganzes abgestimmt, und du hast die Fähigkeit erworben, dich in diesem Sinne mühelos anzupassen.

27 Existenz

GEN: DER BERG

DSCHEN: DER DONNER

EXISTENZ beruht auf Erwerb und Transformation von Erfahrungen und ihrer sinnvollen Auswertung. Erfahrungen als wertvoll oder nicht wertvoll zu beurteilen, ist entscheidend für die Qualität der EXISTENZ. Die Betrachtung anderer und deren Wertungen kann die eigene Einschätzung verändern.

Wenn du das Zeichen EXISTENZ erhältst, bist du von Begehren und intensiven Wünschen erfüllt. Vielleicht sind sie ganz materieller Art. Doch wird hier von dir erwartet, eine analoge Ebene zu erkennen, die mit dem Wort *Sehnsucht* benannt werden könnte. Deine Bedürfnisse entstehen in Kopf und Bauch. Auch in deinem Herzen. Aber deine Seele stellt die höchsten Ansprüche und Forderungen. Achte auf sie – sie müssen erfüllt werden.

Das Bild

Du stehst am Fuße des Berges und vernimmst den Donner. Er hört sich an wie das Knurren eines Magens – eines leeren Magens. Tief in dir melden sich unterdrückte Bedürfnisse, und du hast Angst, nicht das Notwendige zu erhalten. Achte auf deine Worte, denn mit ihnen gestaltest du deine Lebensumstände immer wieder neu. Beobachte, wie deine Mitmenschen sich äußern und ihre Wünsche gestalten. Beobachte auch, was genau sie erhalten. Daraus kannst du viel lernen. Überlege, was du wirklich benötigst.

Liebe, Glück, Erfolg

愛

Kann sein, daß eine Person dir eine Frage stellt, vielleicht nicht mit Worten. Jemand, der dich fasziniert, weil er gerade genau das tut, wovon du immer geträumt hast.

福

Inmitten trübsinniger Gedanken begegnest du blitzartig dir selbst, deinem strahlenden inneren Kern. Andere begegnen dir mit vielen Wünschen. Finde heraus, was und wer dich weiterbringt, und bleibe dann dabei. Du könntest etwas Ungewöhnliches unternehmen, um Routine zu unterbrechen.

富

Nicht alles, was von außen so fabelhaft aussieht, ist großartig. Du bist auf der Suche nach dir selbst, nach dem, was dir wichtig ist, und willst dein Leben mit neuen Inhalten bereichern. Suche nach diesen Inhalten.

Die Hinweise in den beweglichen Linien

Neun als erste Linie bedeutet: Das I GING läßt dich wissen, daß es leider für deine berechtigten Wünsche nicht zuständig ist. Es läßt dich wissen, daß du deine Lebensideen entwertet, vielleicht sogar verraten hast und deshalb in den Zustand der Unzufriedenheit und Unsicherheit geraten bist. Deine existentiellen Ideen sind deine ruhige Gewißheit und deine mutige innere Sicherheit. Du solltest deine Haltung überprüfen und ändern, sonst wird es schwieriger für dich.

Sechs als zweite Linie bedeutet: Du hast dich darauf eingelassen, bemitleidenswert zu sein, und bist jetzt abhängig von der ständigen Aufrechterhaltung dieses Gedankens. Du hast das bessere Angebot – absolut in Ordnung zu sein – nicht gesehen oder nicht angenommen. Es ist dir noch nicht bewußt geworden. Aber jetzt kannst du es langsam ändern. Sei ein wenig stolz, das schenkt dir Kraft.

Sechs als dritte Linie bedeutet: Du hast dich einwickeln lassen von deinen eigenen Wünschen und deinen vielen Traumbildern. Du bist deshalb innerlich weit von dir entfernt und vermißt dich selbst am meisten. Daher mußt du dich jetzt auf den Weg machen zu dir selbst. Laß dir Zeit damit und denke nicht, daß du es nicht wert bist, von dir gefunden zu werden. Du wirst überrascht sein, weil du vieles über dich erfahren wirst.

Sechs als vierte Linie bedeutet: Du kannst einen kraftvollen Weg einschlagen. Du hast den Schlüssel zu deiner eigenen Kraft wieder in den Händen und fühlst, all das erreichen zu können, was für dich und deine Existenz wichtig ist. Du erkennst wieder jede Chance, die sich dir bietet, und deine ideellen Wünsche und Sehnsüchte sind endlich definiert. Damit eröffnet sich wieder der Weg, auch zu mehr materieller Sicherheit.

Sechs als fünfte Linie bedeutet: **Du bist noch unterwegs zu dir selbst und zu schwach, um eine große Leistung zu erbringen.** Sieh dich um und suche dir eine vertrauenswürdige und fähige Persönlichkeit, die dich eine Weile begleiten kann. Unternimm nichts Großartiges, aber laß dich faszinieren von dem, was du in deinem Inneren erschaffst.

Neun als sechste Linie bedeutet: Du erreichst einen elementaren Punkt der inneren und äußeren Wertungen. **Es kann sein, daß dir eine sehr kluge Person begegnet**, und möglicherweise bist du selbst eine solche autorisierte Person für andere. **Es ist eine Zeit des glücklichen Handelns** und der Erfüllung. Eine solche Perspektive birgt manchmal die Gefahren der Eitelkeit und Überbewertung. Sei achtsam!

28 Druck

Dui: Der See

Sun: Der Wind, das Holz

DRUCK erzeugt Gegendruck. Wenn DRUCK äußerlich geschieht, und es kann nicht geantwortet werden, baut sich Gegendruck innerlich auf. Dieser Gegendruck muß für die eigene Person und die eigenen Ziele nutzbar gemacht werden.

Wenn du das Zeichen Druck erhältst, befindest du dich in einer angespannten Situation. Dies ist eine vorübergehende Zeit von großer Bedeutung. Gewichtungen haben sich massiv verschoben, und der unerwartete, machtvolle Einfluß belastet die bisher Sicherheit gebenden Gedanken und Umstände. Jetzt wird deine Kraft getestet.

Das Bild

Du stehst verwirrt in einer Landschaft, die sich über Nacht radikal verändert hat. Du möchtest durch dein vertrautes Wäldchen spazieren, doch der See hat mit gewaltigen Wassermassen alles überschwemmt. Du weißt nicht, ob du weitergehen kannst, aber wenn, dann ganz sicher nicht in der Haltung eines Spaziergängers. Da und dort schwimmen einzelne Bruchstücke im Wasser, und du fürchtest mögliche Verluste.

Liebe, Glück, Erfolg

LIEBE 愛

Möglicherweise begegnest du in einer angespannten Situation einer ungewöhnlichen Persönlichkeit. Baue nicht darauf, daß sie dich rettet. Denn die Zeiten sind kompliziert.

GLÜCK 福

Unerschrockenheit vor dem Feind könnte leichtsinnig sein. Lieber stellst du dich jetzt einer Verantwortung und reduzierst deine Ansprüche. Andere haben ähnliche Probleme und denken vor allem an sich selbst. Wer sich den Kopf freihält, findet seinen Weg.

ERFOLG 富

Massive Probleme erwachsen mit dem Schock, wenn sich Dinge unversehens ändern. Checke alles durch, was dich sicher macht, und handle sofort, aber nicht unbedacht.

Die Hinweise in den beweglichen Linien

Sechs als erste Linie bedeutet: Du kannst in deiner jetzigen Situation durchaus überlegte und kluge Vorsichtsmaßnahmen treffen. Sei sehr wachsam. Handele einfach ruhig und verantwortungsvoll, und es geht alles gut.

Neun als zweite Linie bedeutet: **Es könnte sein, daß du in ungewöhnlichen Umständen eine ganz große Gelegenheit er-**

kennst, dich neu zu beleben und gestärkt daraus hervorzugehen. Du erfährst womöglich, daß es in einem unheilvollen Augenblick immer wieder Menschen gibt, die daraus einen Nutzen ziehen können. Vielleicht gehörst du ja zu ihnen? Du könntest auch eine neue und ungewöhnliche Beziehung eingehen.

Neun als dritte Linie bedeutet: Sei vorsichtig, denn du glaubst, mit Unerschrockenheit weichen die bedrohlichen Umstände von selbst. Auch wenn an dieser Philosophie etwas dran ist, würde ein Scheitern deiner Pläne dir keinen Freiraum mehr zum Handeln lassen. Überlege dir unbedingt eine Alternative, und zwar sofort.

Neun als vierte Linie bedeutet: Geschickte Verbindungen retten eine große Sache. Wenn du oder andere allerdings daraus noch einen hübschen privaten Gewinn ziehen wollen, wäre das ziemlich peinlich. Und nicht im Sinne der Zeit.

Neun als fünfte Linie bedeutet: Du hattest mit Überraschungen gerechnet, **aber jetzt erhältst du auf ungewöhnliche Weise einige Vorteile.** Du könntest eine neue Bezugsperson oder Liebe finden, die du aber nicht überschätzen solltest. Denn **jeder ist sich zur Zeit selbst der Nächste.**

Sechs als sechste Linie bedeutet: Du steuerst auf einen Abgrund zu. Überlege, ob du das willst! Du hast dich dazu entschieden, deine Werte aufrechtzuerhalten und nicht aufzugeben. Vielleicht kennst du noch andere Alternativen. Du wirst unter der Situation leiden, aber du wirst vom erhabenen I GING nicht getadelt. Deshalb wird es weitergehen.

29 Flut

KAN: DAS WASSER

KAN: DAS WASSER

Von mächtiger FLUT erfüllt zu sein, kann das Herz zum Bersten bringen. Doch wenn es die Bewegung des Fließens kennt und sein Schicksal akzeptiert und hoch hält, dann wird alles gut.

Wenn du das Zeichen FLUT erhältst, gehst du durch eine besondere Erfahrung, die dich mit Befürchtungen und Ängsten erfüllen kann. Das Wasser ist ein seltsames und tiefgründiges Element. Hier umschließt es dich und bedeutet für deine Empfindungen Gefahr. Es gehört zur Grunderfahrung des Menschen, *umschlossen* zu sein. Denke an das beginnende Leben im Mutterleib. Erweitere das Bild: Auch dein vielseitiges Fühlen und Spüren ist von einem Körper umschlossen. Ebenso deine unsichtbare Seele.

Das Bild

Stelle dir vor, du treibst in den Fluten eines Flusses, eines Sees oder eines Meeres. Du wirst vom Wasser mitgerissen. Das verunsichert dich. Überall spürst du Wasser, siehst du Wasser, und du bist kurz davor zu sagen: Ich bin Wasser. Das ist der richtige Ansatz, denn diesem Element den Kampf anzusagen, ist absolut sinnlos. Diese Zeit der Gefahr ist dein Lehrer. Es wird von dir erwartet, daß du in genau diesem hypnotischen Zustand möglichst viel von dem erledigst, was jetzt wichtig ist.

Liebe, Glück, Erfolg

愛 LIEBE

Laß dich jetzt nicht von der Macht der eigenen Gefühle überrollen. Auch wenn das der Stoff großer Liebesfilme und Romane ist. Die Intensität leidenschaftlicher Empfindungen ist hoch und ebenso der Preis dafür. Laß dich nicht einlullen.

福 GLÜCK

Derzeit wird heiß gekocht und kalt abserviert. Es gab bessere Zeiten, und die kommen wieder. Du bist nicht allein mit der Wahrnehmung einer angespannten, bedrohlichen Situation. Annehmen ist angesagt! Daher könnten sich sogar mehrere Leute füreinander entscheiden – im Team.

富 ERFOLG

Zuviel bewegt sich, als daß du dich davon unberührt fühlen könntest. Statt um Punkte zu kämpfen, wäre es besser, wenn du dich eiskalt auf deine Stärken besinnst und dich nicht unnötig von Aufregungen anstecken läßt.

Die Hinweise in den beweglichen Linien

Sechs als erste Linie bedeutet: Du läßt dich von den dich umgebenden Elementen einlullen und bist in Gefahr, dabei deine innere Wachsamkeit und deine Willenskraft zu verlieren. Wach auf und definiere deinen Willen neu.

Neun als zweite Linie bedeutet: Du bist in einer gefährlichen Situation, und das solltest du dir klarmachen. Aber beachte auch, daß du dich daraus nicht eins, zwei, drei zurückziehen kannst. **Du kannst langsam auf deine Umgebung einwirken.**

Sechs als dritte Linie bedeutet: Laß alle deine Pläne vor allem innerlich los. Du kannst momentan nicht handeln. Es würde dich nur sinnlos erschöpfen und alles verschlechtern. Denke eine Weile an all deine positiven Kräfte und erhole dich, indem du dich entspannst.

Sechs als vierte Linie bedeutet: Die Lehre von der heilsamen Einfachheit fällt leicht, wenn es dir gutgeht und du entspannt bist. Doch ist es wunderbar, dorthin zu finden – mitten im Gefühl von Gefahr. Konstruktive Freundschaften und Verbindungen können jetzt schnell und ohne große Vorbereitungen wirksam werden. Suche dir eine Quelle des Lichts. Achte auf das, was dich innerlich erhellt und erfreut.

Neun als fünfte Linie bedeutet: Du befindest dich im Bereich des Minimums. Mehr kannst du derzeit nicht erreichen. Aber du erschöpfst auch nicht vergeblich deine Kräfte. **Du kannst eine schwierige Zeit bald hinter dir lassen, aber mache keine Pläne, wie, wann und wo.**

Sechs als sechste Linie bedeutet: Du bist offenbar nicht in der Lage, dich auf deine Situation richtig einzulassen und den Umständen gelassen ins Auge zu sehen. Die Folge ist, daß diverse Gefahren dich länger begleiten als notwendig. Es ist wichtig, daß du ein von dir selbst geschaffenes Gefängnis erkennst und langsam Vorbereitungen triffst, es endgültig zu verlassen. Nicht irgendwann, sondern bald.

30 Kontakt

LI: DAS FEUER

LI: DAS FEUER

KONTAKT ermöglicht Kommunikation und Lebendigkeit. Austausch und Verbundenheit mit gemeinsamen Zielen schaffen dauerhaft Freude und Faszination.

Wenn du das Zeichen KONTAKT erhältst, bekommst du in deinem Wünschen und Wollen ein geheimnisvolles, weil unsichtbares und unhörbares Feedback. Das Feuer ist eine reale Energie und entsteht, weil es mit etwas Brennbarem in KONTAKT steht. Das Feuer gehört seiner Natur nach zur Erde. Obwohl wir wissen, daß es auch ein Blitz vom Himmel entfachen kann, findet es seine *Nahrung* auf der Erde. Es wirkt mit Helligkeit und hat die Kraft, Ängste zu zerstreuen. Doch muß das Feuer unter Kontrolle gehalten werden.

Das Bild

Betrachte die unendlich mächtige Sonne am Himmel, die Gebieterin des Lebens auf Erden. Sie wird in diesem Zeichen doppelt gezeigt. Sie ist der Ursprung des Feuers und des menschlichen Wunsches, sich das Feuer auf die Erde zu holen. Doch was von oben kommt, zeigt zweifache Wirkung. Weise ist derjenige, der das Feuer als etwas Materielles und als etwas Ideelles versteht: Es geht darum, nicht nur Licht in die Dunkelheit, sondern auch Licht in die Seelen zu bringen.

Liebe, Glück, Erfolg

愛 LIEBE

Total verknallt oder nur ein wenig wärmebedürftig? Du bist leicht entflammt und fragst dich, wie es weitergeht – näheres Kennenlernen oder Flirt? Ob es reicht für die große Liebe, ist eine andere Frage.

福 GLÜCK

Du befindest dich im Einflußbereich ungewöhnlicher Menschen und möchtest schlagartig alles verändern. Einen festen Punkt solltest du aber schon im Kopf behalten und ein Ende aller Verrücktheiten einkalkulieren.

富 ERFOLG

Auf der Basis bereits gelegter Spuren wie Ausbildung, Studium und Interessen kann auch Neues erbaut werden. Natürlich muß es sorgfältig überprüft werden. Auflodernde Begeisterung, die nur eine Tageslaune ist, wird selten länger anhalten. Obwohl auch dies vorkommt.

Die Hinweise in den beweglichen Linien

Neun als erste Linie bedeutet: Du stehst am Anfang und verschaffst dir gerade erst einen Überblick. So gehen auch andere vor, und sie sind ebenfalls noch unentschieden. Nimm deine Bestandsaufnahme ernst und sei gewissenhaft.

Sechs als zweite Linie bedeutet: Denke an die Sonne, die schon am Himmel steht. Alles ist in perfekter Ordnung. Der Gedanke an Schönheit und Ästhetik beherrscht dich. Er beeindruckt auch andere. **Du fühlst dich gut, weil du in deiner eigenen inneren Mitte bist.**

Neun als dritte Linie bedeutet: Der Gedanke an die Vergänglichkeit alles Schönen kommt am späten Abend oder am Ende des Sommers – und er kann lähmen, wenn man ihn gewähren läßt. Er kann Menschen dazu bringen, Ängste und Trauer mit ekstatischer Musik, Tanz oder Drogen aller Art zu beschwichtigen. Das ist jedoch nicht der richtige Umgang mit elementaren Themen der menschlichen Existenz. Ein klares Bekenntnis zur eigenen Wahrheit wird von dir erwartet.

Neun als vierte Linie bedeutet: Es gibt neben dem stetig brennenden Feuer, das wärmt und Glück spendet, auch das sogenannte Strohfeuer. Es brennt zunächst genauso wunderbar, doch das Brennmaterial ist nicht ergiebig genug, so daß es keine Nahrung findet. Es kann schnell verlöschen. Schade, nicht wahr?

Sechs als fünfte Linie bedeutet: **An einem kraftvollen Punkt wirst du durch eine Einsicht zur Umkehr bewogen.** Zunächst deprimiert dich diese Einsicht sehr. Doch gerade das Niederschmetternde solcher völlig überwältigender Gefühle bewirkt ein natürliches Verhalten, weil du um Klarheit ringst. Anders könntest du nicht überleben. Auf Traurigkeit folgt Veränderung.

Neun als sechste Linie bedeutet: Du stehst mit nicht gerade förderlichen Einflüssen, Gedanken oder Menschen in Kontakt. Außerdem hast du ein paar schlechte Angewohnheiten, die du dir besser abgewöhnen solltest. Aber sei nicht zu streng, behalte ein paar weniger schlechte bei, weil zu viel Askese nicht gut ist. Du weißt selbst am besten, was im Licht der Öffentlichkeit noch akzeptiert wird und was nicht.

31 Begehren

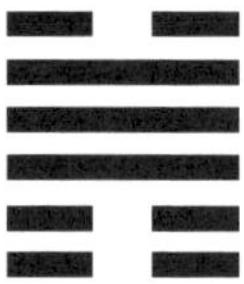

Dui: Der See

Gen: Der Berg

BEGEHREN ist der Beginn einer Wahrnehmung, und diese verlangt nach fortgesetzter Intension. Dadurch kommt Stetigkeit in Gang, und Stetigkeit führt zu Erfolg und Befreiung.

Wenn du das Zeichen Begehren erhältst, zielt der Rat auf das Anbahnen neuer Beziehungen. Dies kann eine Liebesbeziehung sein, aber auch eine andere fruchtbare Beziehung, die zu gemeinsamen Engagement für eine schöne Sache, zu einem begehrten Job oder einer anderen interessanten Verbindung führt. Das erhabene I Ging betont, daß die Anziehung des Wahlverwandten ein allgemeines Naturgesetz sei. Doch diese Zauberkräfte sollten auch zum Wohl der Allgemeinheit beitragen.

Das Bild

Du bist auf dem Gipfel des Berges angekommen, und dein Auge ruht überrascht und erfreut auf dem glitzernden

See, der sich dir dort oben überraschend in seiner ganzen Schönheit zeigt. Du hattest vielleicht etwas ganz anderes erwartet und fühlst plötzlich, daß du genau dieses Bild gebraucht hast, um dich ganz und gar wundervoll zu fühlen. Dieser Anblick verklärt dich, und du spürst, daß du bereit für etwas Neues bist.

Liebe, Glück, Erfolg

Herzklopfen und Schmetterlinge im Bauch. Jemand ist nahezu unerreichbar in dein Leben getreten. Nichts ist entschieden. Doch das Interesse ist gegenseitig.

LIEBE 愛

Du spürst schon die Elektrizität. Es liegt positiver Schwung in der Luft. Allerdings: Nicht jeder läßt sich gleich anstecken. Auch wenn die Umstände total günstig erscheinen, die Chance einmalig ist, und überhaupt ... Nachdenken lohnt sich immer noch.

GLÜCK 福

Du hast entschieden auf dich aufmerksam gemacht. Es könnte sein, daß sich schon bald etwas sehr positiv verändert. Um gute Chancen zu entwickeln, braucht es allerdings mehr als nur Interesse. Mach dir Gedanken, was du konkret anbieten und aufbauen willst.

ERFOLG 富

Die Hinweise in den beweglichen Linien

Sechs als erste Linie bedeutet: Bevor du einen Schritt tust, spürst du deine Bewegung nur ganz vage. Du weißt trotzdem, daß sich etwas Neues anbahnt, aber es gibt noch keinerlei Anzeichen, an denen du irgend etwas festmachen könntest.

Sechs als zweite Linie bedeutet: Du erhältst eine kleine Warnung. Auch wenn dein Gefühl stark ist und du so gerne etwas bewegen möchtest, wäre es klüger, ein Signal von außen abzuwarten. Achte darauf, aber klug.

Neun als dritte Linie bedeutet: Du wünschst dir sehr, auf jemanden zugehen zu können, aber aus unbekannten Gründen stellt es sich als unklug heraus. Das könnte auch im umgekehrten Fall zutreffen: Jemand, der dich ungestüm erobern möchte, läßt bei dir alle Alarmglocken läuten. Dein Herz ist mutig, aber das Leben ist nicht immer so angelegt, daß alles erfreulich verläuft.

Neun als vierte Linie bedeutet: **Du bist im Zentrum deines Herzens.** Du könntest jetzt in Aufregung verfallen und alles Mögliche in Bewegung setzen. Es wäre besser, wenn du deine Energie nutzt, um vor allem selber innere Ruhe und Frieden zu finden. Durch Heiterkeit und leise Freude gelingt dir ein Zusammentreffen mit einem oder mehreren Menschen, über den oder die du gerade intensiv nachdenkst.

Neun als fünfte Linie bedeutet: **Du vertraust deiner Willenskraft.** Gefühle können dich oder andere so am wenigsten verwirren. Es tut dir gut, nicht vom Aufruhr der Gefühle hin und her geworfen zu werden. Anderen geht es möglicherweise genauso: Sie sind relativ ungerührt, oder sie verhalten sich so.

Sechs als sechste Linie bedeutet: Wenn du auf eine (vielleicht romantische) Situation Einfluß nehmen möchtest, reicht es hier leider nicht, mal eben über das Wetter oder die neueste CD zu reden. Das alles bleibt ohne großen Eindruck. Überlege dir das Ganze einfach noch einmal. Vielleicht brauchst du mehr Zeit, um die Quelle deiner Kraft ausfindig zu machen. Vielleicht willst du etwas ganz anderes.

32 Beständigkeit

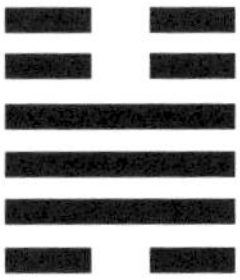

Dschen: Der Donner

Sun: Der Wind, das Holz

Beständigkeit ist das Ergebnis bedingungslosen und toleranten Wollens. Beständigkeit wird angestrebt und durch Konsequenz und Offenheit erreicht.

Wenn du das Zeichen Beständigkeit betrachtest, geht es um die Etablierung dauerhafter Beziehungen. Dies kann eine Liebesbeziehung sein, aber auch eine andere Beziehung, die zu gemeinsamen Engagement für eine schöne Sache, zu einem begehrten Job oder einer anderen interessanten Verbindung führt. Dem I Ging, so betont Richard Wilhelm, gehe es dabei um die Ehe. Aber es könnte sich auch um eine vergleichbare Vereinbarung handeln, die für eine lange Zeit getroffen wird. Beständigkeit ist dabei als eine sich ständig in Entwicklung befindende Beziehung zu verstehen.

Das Bild

Du stehst ruhig in einer weiten Landschaft und überdenkst die Beziehungen, die dir wichtig sind. Aus der Ferne klingt der Donner und berührt dich mit seinem mächtigen Widerhall. Zugleich achtest du auf den Wind und dessen absichtsloses und kraftvolles Spiel. So viel scheint in ständiger Bewegung zu sein, und du bist erschüttert über die Kräfte, die in der ganzen Natur herrschen. Auch in dir. Auch in anderen.

Liebe, Glück, Erfolg

愛 LIEBE

Es könnte die große Liebe sein, wenn du ihr Zeit gibst, sich zu entfalten. Eine verläßliche Beziehung hat vor allem mit Sicherheit zu tun, die ihr euch gegenseitig geben könnt. Es ist das, was du dir wünschst. Dein eventueller Partner denkt genauso.

福 GLÜCK

Hier kommt die große Chance, auf längere Sicht planen zu können. Bemühe dich um eine zentrierte Haltung – egal, wie du sie erlangst: Gelassenheit und Zuverlässigkeit sind deine Begleiter. Es lohnt sich.

富 ERFOLG

Den Boden unter den Füßen zu spüren, ist ein großartiges Gefühl. Es sieht so aus, daß du diese Erfahrung machen kannst. Langfristiges Engagement steht in Aussicht, wenn du in der Lage bist, dich voll Kraft einzulassen und dich nicht selbst zu torpedieren.

Die Hinweise in den beweglichen Linien

Sechs als erste Linie bedeutet: Überstürze nichts, wenn es um etwas so Kostbares wie den Fortbestand einer wichtigen Verbindung geht – um etwas Solides und länger Währendes, das unabdingbar zu dir und anderen gehört.

Neun als zweite Linie bedeutet: Dir wird enorme Kraft bescheinigt, etwas auszuhalten. Die Umstände erscheinen außerordentlich kompliziert, und du bist vielleicht in einer gefährdeten Situation. Jetzt deine großen ideellen Werte hochzuhalten, ist erstaunlich. **Es ist eine Zeit, in der du der Situation voll und ganz gewachsen bist.**

Neun als dritte Linie bedeutet: Du bist in einer recht labilen Verfassung und schwankst hin und her. Bemühe dich intensiv um eine Zielrichtung und entscheide dich – auch wenn du dich damit für oder gegen jemanden entscheidest – zunächst für dich selbst. Wenn du dich immer wieder in Abhängigkeiten manövrierst, machst du nicht die Erfahrungen, die dir guttun.

Neun als vierte Linie bedeutet: Du bist dabei, ein großes ersehntes Ziel anzuvisieren, doch du irrst dich. Es ist zur Zeit niemand da, den du erreichen kannst. Du solltest dir freundschaftlich und liebevoll auf die Schulter klopfen und dir sagen: Lieber nicht.

Sechs als fünfte Linie bedeutet: Du erfährst eine große Bereicherung, wenn du dich kontinuierlich weiterentwickelst und deinen Charakter mit zunehmender Reife als verläßlich präsentieren kannst. Laß deiner Intuition den Vortritt, wenn du dir die Richtung ansiehst, die zur Wahl steht.

Sechs als sechste Linie bedeutet: Alles wird gerade zu einer extremen Belastung, weil du in einer nervenden Situation nicht zur Ruhe kommen kannst. Bemühe dich in erster Linie um deinen inneren Frieden – egal wie, dann geht es dir besser. Alles andere findet sich.

33 Ausweichen

KIEN: DER HIMMEL

GEN: DER BERG

AUSWEICHEN ist eine strategisch notwendige Abwendung vom geraden Weg. Fortschritt wird über einen Umweg möglich. Selten lassen sich Ziele auf dem bequemsten Weg erreichen.

Wenn du das Zeichen AUSWEICHEN erhältst, ist das erhabene I GING ganz in seinem Element, nämlich dem geschickten Taktieren wie in militärischen Fragen. Hier geht es darum, daß Kräfte, die du selbst am besten kennst, vorrücken und dabei auch bessere Chancen haben. Deshalb wird dir der geschickte Rückzug empfohlen. Das heißt, du verteidigst, was du ohne Kraftverlust verteidigen kannst, und ansonsten räumst du mit erhobenem Kopf das Feld.

Das Bild

Du bleibst unerwartet stehen. Du hast einen langen Weg zurückgelegt, und plötzlich siehst du den gewaltigen Berg vor dir – darüber der majestätische Himmel. Alles ist ruhig. Ob du diesen Berg erklimmen willst oder nicht – du weißt, es ist dir im Moment nicht möglich. Deshalb wendest du dich scheinbar vom Ziel ab und überlegst dir eine neue Route. Das zunächst Unerreichbare ist eine stete Herausforderung, und seine Anforderungen verändern sich.

Liebe, Glück, Erfolg

LIEBE 愛

Du wirst tanzen müssen. Einen Schritt vor, zwei zurück, drei bis fünf zur Seite und dann variieren. Falls dein Partner dir folgen kann, wäre es ein kleines Wunder. Falls jedoch dein ersehnter Partner den Tanz ohne Ansage angibt, kannst du genausogut erst mal pausieren.

GLÜCK 福

Gut, wenn du auf den Bauch oder andere Instanzen des Unbewußten zählen kannst. Jetzt gelassen zu taktieren, macht vielleicht nicht nur Spaß, aber auch. Hauptsache, du bestehst nicht auf direkter Wunscherfüllung.

ERFOLG 富

Intuition ist gefragt, um wie im Labyrinth ans Ziel zu kommen. Merke dir die wichtigsten Abzweigungen, die du im Leben bislang genommen hast, denn Geradlinigkeit führt derzeit zu nichts.

Die Hinweise in den beweglichen Linien

Sechs als erste Linie bedeutet: Du bewegst dich gerade und spürst, daß dir unmittelbar etwas folgt. Vielleicht Konkurrenz oder etwas anderes. Unangenehm, weil es besser wäre, souverän ganz vorne zu sein, wenn es um bereits akzeptiertes Ausweichen geht. Deshalb wird dir geraten, nichts zu unternehmen und stillzuhalten.

Sechs als zweite Linie bedeutet: Die Bindung wird resolut und willensstark aufrechterhalten. Hier klammert sich jemand mit aller Kraft an eine andere Person oder Sache. Kraft wächst aus der absoluten Gewißheit, im Recht zu sein und für die richtige Sache einzustehen. Das könntest du sein oder eine andere Person.

Neun als dritte Linie bedeutet: Du kannst nicht frei taktieren, weil andere dich zurückhalten. Deshalb solltest du berechnend sein und diejenigen, die dich jetzt so drangsalieren, in irgendeiner Weise in die Pflicht nehmen. Gib ihnen etwas Sinnvolles zu tun. Etwas, was sie ablenkt.

Neun als vierte Linie bedeutet: Es zeugt von Stärke, sich außerhalb einer Situation zu bewegen. Das hat damit zu tun, daß du genau weißt, was du willst und was nicht. Weniger starke Naturen bleiben staunend und fragend zurück.

Neun als fünfte Linie bedeutet: Du weißt, daß du dich zurückziehen willst, und hast keine Lust, darüber auch noch zu diskutieren. **Jetzt mußt du willensstark genug sein, dies konsequent durchzuziehen und dich nicht davon abbringen zu lassen.**

Neun als sechste Linie bedeutet: Du schaffst es locker, einen ausweichenden Weg zu finden. Weil du dich bereits innerlich aus der Situation gelöst hast. Das spürst du vor allem an deinen relaxten Gefühlen. Es geht dir besser, weil du dich entschieden hast und bald neue Optionen zur Verfügung stehen.

34 Macht

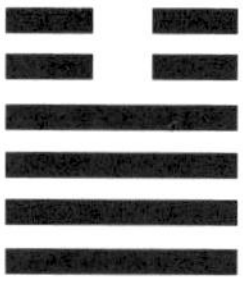

Dschen: Der Donner

Kien: Der Himmel

MACHT und POWER liegen sehr nahe beieinander. Doch Power ist Urenergie, während Macht zweckgebunden ist. Macht geht einen klar definierten Weg und erreicht ein Ziel.

Wenn du das Zeichen Macht erhältst, wird es spannend. Es geht um deine Position in der Welt. Du kannst selbst spüren, wie viel mehr Selbstvertrauen du gewonnen hast. Und du merkst, daß andere dich beobachten und sich fragen, wie du mit deiner Energie und deinen Wünschen umgehst. Je mehr Macht du hast, desto mehr Fehler kannst du machen. Du trägst eine große Verantwortung. Deine jetzige Position ist eng gebunden an innere Werte.

Das Bild

Du gehst deinen Weg und hörst noch unter dem dich beschützenden und nicht erreichbaren Himmel den Donner grollen. Himmel und Donner sind mächtig und haben untereinander ihre Gesetze, die sie gegenseitig nicht in Gefahr bringen. Der Donner wird den Himmel nicht zum Einsturz bringen, und der Himmel läßt dem Donner seine machtvollen Äußerungen. Sie halten ihre Vereinbarungen korrekt ein. Das erinnert dich an etwas anderes. Und du bist wie der Himmel. Oder wie der Donner. Und hältst deine Vereinbarungen ein.

Liebe, Glück, Erfolg

Tatsächlich siehst du dich vor einer wenig romantischen Herausforderung. Deine Emotionen hältst du besser in Schach und deine wahre Stärke ein wenig in der Deckung. Dann siehst du am besten, mit wem du es zu tun hast.

Erstaunlicherweise wird dir ein super Ball zugespielt. Spiele ihn sachte aus und beobachte emotionslos, wohin er rollt. Du könntest erleben, daß du über weit mehr Ressourcen verfügst, als du dachtest.

Möglicherweise hattest du die ganze Zeit schon einen prachtvollen Joker im Ärmel, den du vergessen oder unterschätzt hattest. Bloß nicht zu schnell auf den Tisch legen. Besser ist es, du bringst ihn langsam und liebenswürdig ins Spiel.

Die Hinweise in den beweglichen Linien

Neun als erste Linie bedeutet: Ohne gute Grundlage gibt es nur eine eingeschränkte Bewegung, auf die du dich nicht verlassen kannst. Mach dir klar, daß du im Moment nicht in der richtigen Position bist, um deine Wünsche durchzusetzen. Es bringt nur Ärger.

Neun als zweite Linie bedeutet: Du siehst mit fast ungläubigem Erstaunen, daß dein Festhalten an großen Zielen richtig war und langsam ein richtiger Erfolg in Sicht ist. Jetzt beginnt aber das wichtigste Kapitel: nicht überschwenglich werden oder übertreiben, sondern in allem schön mäßig bleiben und das innere Gleichgewicht wahren.

Neun als dritte Linie bedeutet: Beharre jetzt nicht auf deiner Position oder deiner Macht. Wenn du das tust, wirst du bloß in leidige Angelegenheiten verwickelt. Wenn du dies sicher erkennst, wahrst du deine Autorität. Das könnte sich noch als sehr wichtig herausstellen. Bemühe dich um Neutralität.

Neun als vierte Linie bedeutet: **Du mußt möglichen Hindernissen vor allem mit innerer Entschlossenheit und Ausdauer entgegentreten.** Dann stehen dir alle Türen offen, und alles geht gut. Es geht auch darum, die Macht zu erfahren, die du über dich selbst hast.

Sechs als fünfte Linie bedeutet: Denke mal darüber nach, ob du nicht eher bockig bist, als daß großartige Dinge dich zu einer konsequenten Haltung auffordern. Wenn es nämlich so ist, dann hör einfach damit auf. Es ist gar nicht nötig.

Sechs als sechste Linie bedeutet: Du bist dabei, dich zu verwickeln, weil du zu viel auf einmal willst. Sei jetzt nicht eigensinnig, sonst verlierst du deinen coolen Kopf, und das wäre sehr schlecht. Geh in dich und beruhige dich vor allem. Es wird schon alles gut werden.

35 Weitergehen

☲ Li: Das Feuer

☷ Kun: Die Erde

WEITERGEHEN und dabei von allen Seiten unterstützt werden. Ein Treffen findet mehrfach statt. Unterstützung zeigt sich.

Wenn du das Zeichen Weitergehen erhältst, klingt das vielversprechend. Du begegnest Menschen, mit denen du vorwärtskommen kannst, und du schaffst wertvolle Kontakte. Du hast mit Leuten zu tun, die fähig sind, Entscheidungen zu treffen, die strikt an Weisungen gebunden sind und deren Auflagen wiederum zu erfüllen sind. Wenn du da einen Weg siehst, wie das gemeinsame Vorhaben zu bewerkstelligen ist, ist das gut für dich. Weil du auf diese Weise weitergehen kannst.

Das Bild

Du hast sehr viel Zeit und betrachtest die aufgehende Sonne so, als ob du noch nie über sie nachgedacht hättest. Sie ist umgeben von Nebeln und farbig durchzogenen Wolkenfetzen. Doch immer klarer und kraftvoller erhebt sich die Sonne über dem Horizont, bis sie die Landschaft in ihrer ganzen Weite überstrahlt und erhellt. Die Sonne weiß um ihre Kraft und ihren Weg. Sie beleuchtet alle Wege, die auf der Erde beschritten werden können, und schafft so Klarheit.

Liebe, Glück, Erfolg

愛 LIEBE

Auch wenn du gerade deine Wege etwas betrübt allein beschreitest, es erfüllt dich doch die berechtigte Zuversicht, daß es nicht ewig so bleibt. Doch nur wer allein gehen kann, findet später die beste Begleitung.

福 GLÜCK

Es gibt langweiligere Zeiten als die anstehenden. Die Vielzahl der Möglichkeiten überrascht dich. Am besten, du entscheidest dich für eine, die nicht nur dir Vorteile bringt. Du könntest eine wichtige Person ein wenig vermissen.

富 ERFOLG

Nur gemeinsam lösen sich jetzt Hindernisse auf. Du bist ohnehin noch nicht auf der Ziellinie und hoffentlich flexibel genug, deine Vorstellungen über das Wie, Wo und mit Wem umzugestalten.

Die Hinweise in den beweglichen Linien

Sechs als erste Linie bedeutet: Vielleicht geht es zur Zeit nur darum, dich in Gelassenheit zu üben. Das kann für einen späteren Zeitpunkt wichtig sein, damit du dann weißt, wie du zu Gelassenheit gelangen kannst. Deine Pläne sind korrekt, aber an irgendeinem Punkt verzögert sich alles und endet schließlich im Nirgendwo.

Sechs als zweite Linie bedeutet: Du bist traurig, weil du nicht mit den Menschen in Verbindung kommst, die für dich wichtig sind. Bleibe bei dir selbst, ehre dich und glaube an dich. Bleibe respektvoll. Es könnte sich alles noch ändern. Pluspunkte aus der Vergangenheit, die mit weiblichen Qualitäten zu tun haben, verschaffen dir gute Chancen.

Sechs als dritte Linie bedeutet: Du erreichst dein Ziel, und zwar im Einverständnis mit anderen, die mit dir gehen. Auch wenn du ursprünglich dein Ziel allein erreichen wolltest – es ergibt sich anders, und jetzt findest du das auch gut.

Neun als vierte Linie bedeutet: Du gehst weiter, auch wenn dir mittlerweile nicht mehr der Sinn nach großen Idealen steht und du wesentlich bodenständiger geworden bist. Du tendierst zu einem gewissen Egoismus, der gerade jetzt deine Situation gefährden könnte. Denke darüber noch einmal gründlich nach.

Sechs als fünfte Linie bedeutet: **Du kannst dich im Moment erstaunlich gut zurücknehmen**, obwohl du mit Vehemenz einiges an dich reißen könntest. Aber dich umgibt die seltene Aura des überlegenen Charakters, und **auf diese Weise sicherst du dir Fortschritt und Erfolg in der Zukunft.**

Neun als sechste Linie bedeutet: Du hast Grund, zornig zu sein, aber du weißt, daß du bei dir selbst anfangen mußt. Oder bei dem, den du in die Verantwortung genommen hattest. Bleibe in Deckung und kümmere dich nicht um entferntere Gegner.

36 Verdunkelung

䷣

KUN: DIE ERDE

LI: DAS FEUER

VERDUNKELUNG nimmt belebendes Licht und verursacht Ängste. Deswegen ist es gut, an sich selbst zu glauben und in schwieriger Zeit stark zu sein. Und allein.

Wenn du das Zeichen VERDUNKELUNG erhältst, wird es schwierig. Vielleicht empfindest du sogar deine Situation als unerträglich. Je mehr du dich an äußere Zeichen von Erfolg oder Sicherheit klammerst, desto schlechter geht es dir. Es ist so etwas wie eine Prüfung, und du mußt versuchen, eine heitere oder zumindest gelassene und ruhige Haltung einzunehmen. Sei entschlossen, dich zunächst ganz auf dich selbst zu verlassen.

Das Bild

Es ist so schnell Nacht geworden, daß du völlig überrascht bist. Du weißt, daß dies nicht die Zeit für große Aktionen ist, und du mußt warten, bis es wieder hell wird. Erfahrungsgemäß geschieht das am nächsten Morgen.
Umstände und Menschen, die es jetzt zu ertragen gilt, dürfen leider auch nicht mit Empörung betrachtet oder gar angegriffen werden. Laß sie einfach machen und verwende deine Energie darauf, stark zu bleiben.

Liebe, Glück, Erfolg

Hamlet und Ophelia hatten es auch nicht leicht. Vor allem konnten sie nicht auf Drama verzichten. Wenn dich dein eigenes Drama nicht ruhen läßt, lies z. B. Shakespeares Hamlet oder ... Das lenkt dich ab, baut auf und holt dich aus der bedrückenden Stimmung oder der verzwickten Situation, in der du dich befindest.

Ein schwarzes Loch zieht dich magnetisch an. Du hast es eventuell sogar selbst hübsch eingerichtet und dafür gesorgt, daß du dich innerhalb seines Wirkungskreises befindest. Wenn es ein anderer war, dann schreite zur Tat und lege die Wahrheit auf den Tisch.

Hände ringen, Gott um Rat bitten und dann wieder auftauchen wie Phönix aus der Asche. Wenn du's hinter dir hast, lächelst du wissend. Genau dies steht an.

Die Hinweise in den beweglichen Linien

Neun als erste Linie bedeutet: Du steckst in einer nervenaufreibenden Situation. Eigentlich wolltest du es locker angehen lassen, aber gerade jetzt siehst du jede Menge Hindernisse und ein paar kleine Schwätzer, die dir schaden wollen. Wenn du keine Kompromisse eingehen willst, vertage dein Ziel auf später. Auch wenn deine Bedürfnisse jetzt nicht erfüllt werden. Irgendwann hast du das alles überwunden.

Sechs als zweite Linie bedeutet: **Du läßt dich von negativen Stimmungen immer wieder überrumpeln.** Du bist es dir schuldig, diesen Stimmungen zu widerstehen. Schließlich hast du auch noch Verpflichtungen – gegenüber anderen, zuallererst aber gegenüber dir selbst.

Neun als dritte Linie bedeutet: Du kommst einer kleinen oder großen Intrige auf die Spur und bist empört. Mit

Recht! Es könnte aber auch sein, daß du in dir selbst wenig kontrollierte Bereiche entdeckst. Überlege genau, wie du einen Sieg erreichen und festigen kannst. Vielleicht dauert es ein bißchen, bis du ein Konzept hast.

Sechs als vierte Linie bedeutet: Du spürst mehr, als daß du es beweisen könntest, daß du in eine ungute Allianz des Negativen geraten bist. Deshalb bist du entschlossen, dich aus der Situation vollends zurückzuziehen. **Dies kannst du äußerlich tun, aber vor allem mußt du bereit sein, dich innerlich zu entfernen.**

Sechs als fünfte Linie bedeutet: Im erhabenen I GING wird hierzu ein interessantes Beispiel erzählt: Prinz Gi war mit einem Tyrannen verwandt und konnte sich nur retten, indem er sich wahnsinnig stellte. Dadurch konnte er seinen Werten treu bleiben, obwohl ihn jeder unterschätzte. Sei wie er und laß dich im Augenblick nicht auf Diskussionen ein. Tue so, als ob dich das alles nichts angeht. Bleibe aber innerlich stark.

Sechs als sechste Linie bedeutet: Du mußt in Zeiten großer Euphorie besonders auf deine innere Mitte achten. Sonst läufst du Gefahr abzustürzen. Aber auch in tiefsten Tiefen gibt es einen Moment zur Umkehr, um danach wieder zu kraftvollen Höhen aufzusteigen. Ein Leben mit Abgründen darf nicht ewig währen. Halte dich jetzt besonders an dein Licht.

37 Family

Sun: Der Wind, das Holz

Li: Das Feuer

FAMILY steht hier auch für eine Gruppe, mit deren Zielen eine gemeinsame Identität besteht. Das kann die Familie sein, aber auch der Kollegenkreis, eine bestimmte Gruppe oder eine Organisation. Die Philosophie der Family hat oft einen femininen Charakter.

Wenn du das Zeichen Family erhältst, werden zunächst Hierarchien untersucht und als solche festgelegt. Bei dir geht es vielleicht tatsächlich um deine Familie, aber möglicherweise auch um eine Institution, um eine Clique, um Schule oder Arbeitsplatz. Überall gibt es bestimmte Rangstufen, und einer oder eine hat meistens das Sagen. Es ist jetzt vorrangig, daß du deinen Platz findest.

Das Bild

Ein Feuer und darüber erhebt sich der Wind. Der Platz des Feuers ist ein heiliger Ort, weil sich dort die Mitglieder der Familie versammeln. Vom Wind hängt es ab, ob dieses Feuer gleichmäßig brennt oder ob es flackert. Das Feuer muß gleichmäßig geschürt und unterhalten werden, und dazu bedarf es einer gewissen achtsamen Regelmäßigkeit.

Liebe, Glück, Erfolg

愛 LIEBE

Die Peergroup oder dein Umfeld – da ist der Held oder die Heldin, der/die dir gefällt. Halte die Augen offen. Er/sie wird dich total motivieren, dein Bestes zu geben, dir Anerkennung und vielleicht sogar weitaus mehr geben.

福 GLÜCK

Du findest gute Chancen in einem interessanten Umfeld. Dort eroberst du dir deinen Platz und fühlst dich rundum gut. Möglicherweise solltest du dir dieses Umfeld erst noch suchen oder erobern.

富 ERFOLG

Einen Platz in der richtigen Gemeinschaft zu finden, beflügelt dich. Es freut dich, deinen ureigensten Beitrag zu leisten. Du findest einen oder mehrere Menschen, die dich unterstützen. Abhängigkeiten sind derzeit nicht das Problem. Ein Durchbruch könnte möglich sein.

Die Hinweise in den beweglichen Linien

Neun als erste Linie bedeutet: Du hast mit anderen zu tun. Wenn niemand weiß, wer für was zuständig ist, gibt es Probleme. Je früher das geklärt ist, desto besser. Dann kannst du dich innerhalb eines bekannten Rahmens bewegen und handeln.

Sechs als zweite Linie bedeutet: **Sei einfach da aktiv, wo es angebracht ist, und strebe weiterhin greifbare Resultate an.** Du findest eine Menge Aufgaben, auch wenn es vielleicht im Moment nicht die großartigsten sind.

Neun als dritte Linie bedeutet: Deine derzeitigen Projekte erfüllen dich mit Freude, weil sie dir Spaß machen. Das ist gut und der Sache absolut zuträglich. Aber übertreibe deine Begeisterung nicht, sondern behalte den nötigen Ernst, um deine Sache gut zu machen.

Sechs als vierte Linie bedeutet: Ruhig und zentriert zu handeln und dabei Souveränität auszustrahlen: Das fasziniert momentan alle an dir. Du siehst, was wirklich getan werden muß. Zugleich strahlst du etwas ganz Besonderes aus, was andere sehr anziehend finden.

Neun als fünfte Linie bedeutet: **Du kannst unbesorgt sein. Du erfährst Akzeptanz, Unterstützung und liebevolle Zuwendung.** Eine Person, die dich vielleicht einschüchtert, zeigt dir, daß sie um dich besorgt ist und dein Bestes wünscht.

Neun als sechste Linie bedeutet: Durch Anerkennung der Realitäten und wirkliches Bemühen um das, was erforderlich ist, gelingt dir ein Durchbruch. Du hast aber auch viel Verantwortung in der Situation. Was du im Augenblick machst, läuft gut.

38 Polarität

Li: Das Feuer

Dui: Der See

POLARITÄT zeigt sich jetzt deutlich. Die Gegensätze zu vereinen, ist derzeit nicht möglich. Doch gerade ihre Spannung untereinander hat eine besondere Wirkung. Diese kann jetzt teilweise genutzt werden.

Wenn du das Zeichen Polarität erhältst, ist zunächst nicht von großem Jubel die Rede. Das liegt in der Natur der Sache. Doch für das erhabene I Ging ist Polarität ein Teil der Natur: Sonne und Mond, Tag und Nacht, Mann und Frau. Jede Polarität muß mit großer

Sorgfalt betrachtet werden, weil gemeinsame Anstrengungen fehlschlagen, wenn nur die Gegensätze betont werden. Solange es aber Verständigung gibt, wirkt POLARITÄT positiv. Erst rigorose Wertungen können zerstörend wirken.

Das Bild

Du stehst am Ufer des Sees, und hoch oben siehst du die leuchtende Sonne. Beide Erscheinungen der Natur ziehen dich in ihren Bann. Der See funkelt im Licht der Sonne. Die Sonne erfährt eine hundertfache Spiegelung im Spiel der kleinen Wellen. So gegensätzlich Sonne und See auch sind, so sehr betonen und intensivieren sie doch die Schönheit des jeweils anderen. Ein hohes Ideal, das im alltäglichen Leben nur wenigen gelingt.

Liebe, Glück, Erfolg

愛 LIEBE

Derzeit läuft alles etwas verrückt. Du bist dir keineswegs sicher, ob dieser oder jener Miesmacher überhaupt etwas mit dir zu tun hat. Könnte sein, daß genau der dich ins Glück schubst.

福 GLÜCK

Unter Glück hast du dir bislang etwas anderes vorgestellt, als mit jeder Menge komplizierter Umstände umgehen zu müssen. Allerdings sind die Umstände gar nicht so kompliziert. Es gibt beglückende Momente, wenn du die Augen aufmachst.

富 ERFOLG

Sich schütteln wie ein Hund nach dem Toben im Wasser. Du befreist dich von allen möglichen Umständen, die dich bislang beschwert haben. Du überwindest negative Gefühle, entwickelst selbstbewußt Alternativen, und das erst macht dich frei für Entscheidungen.

Die Hinweise in den beweglichen Linien

Neun als erste Linie bedeutet: Du erkennst, daß Harmonie nicht möglich ist. Deshalb vertraust du darauf, daß sich die Situation von selber klären wird. Mache dich nicht abhängig von Menschen, mit denen du dich innerlich nicht verbunden fühlst. Wer wirklich zu dir gehört, kann sich für eine Weile entfernen, ohne daß du Verlust befürchten mußt.

Neun als zweite Linie bedeutet: Es gibt Mißverständnisse, die dich von anderen trennen oder ein Zusammenkommen erschweren. **Trotzdem kommst du mit den Menschen zusammen, mit denen dich etwas Inneres verbindet.**

Sechs als dritte Linie bedeutet: Du siehst dich in einer mittelschweren Katastrophe. Aber du hast die Stärke, dich nicht irritieren zu lassen, sondern durch die Misere in der Gewißheit des Sieges zu gehen. Außerdem hältst du an jemandem fest, an dem du interessiert bist, und läßt dich nicht ablenken. Auch umgekehrt ist dies der Fall. Deshalb wird alles wieder gut.

Neun als vierte Linie bedeutet: Du hattest bislang mit Menschen zu tun, mit denen du wenig anfangen konntest und umgekehrt. Doch jetzt kommt jemand auf dich zu, dem du vertrauen kannst. Dies befreit dich und wird dir helfen weiterzukommen.

Sechs als fünfte Linie bedeutet: Eigentlich hast du nicht erwartet, daß ausgerechnet dieser Mensch sich dir von seiner wunderbarsten Seite zeigen wird. **Jemand schafft es, dich von einer falschen Sichtweise zu befreien**, und deshalb kannst du auch auf ihn zugehen, wenn du dich traust. Du bist nicht allein.

Neun als sechste Linie bedeutet: Du hast jetzt genug Zeit damit verbracht, voll Groll im Hinterhalt zu liegen und über die schlechten Eigenschaften aller möglichen Personen zu mutmaßen. Es ist nämlich alles ganz anders, als du zunächst vermuten mußtest. daß du diesen oder jenen Menschen getroffen hast, ist ganz wunderbar. Wenn Gegensätze und damit Mißtrauen überwunden werden, entsteht eine Kraft von besonders großem Zauber.

39 Hindernis

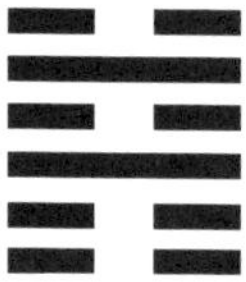

Kan: Das Wasser

Gen: Der Berg

Ein HINDERNIS baut sich auf und versperrt den Weg. Es gibt eine Möglichkeit, es zu überwinden, und die muß gefunden werden. Dabei ist es gut, ganz und gar von innerer Stärke erfüllt zu sein.

Wenn du das Zeichen Hindernis erhältst, wirst du zu einem Lieblingsthema des erhabenen I Ging geführt. Es geht darum, eine Blockade zu erleben und innerhalb dieser Blockade zu einer klugen Handlungsweise zu gelangen. Eine bekannte oder dir noch verborgene Persönlichkeit könnte zur Erhellung des Ganzen beitragen.

Das Bild

Du stehst zu Füßen des Berges. Überall siehst du Rinnsale von Wasser herabfließen, die den Weg den Berg hinauf unpassierbar und gefährlich machen. Die Beschaffenheit des Bergs ist deshalb unkalkulierbaren Wandlungen unterworfen und kein zuverlässiger Ort. Deshalb überdenkst du deine Ziele und deinen eigenen Weg neu. Du beginnst, über dich nachzudenken.

Liebe, Glück, Erfolg

Anspannung liegt in der Luft. Keine Lust am Flirt. Darum geht es auch nicht, sondern um tiefere Anteilnahme in einer schwierigen Situation. Die Chancen stehen ausgezeichnet, einem intensiven, spannenden Charakter zu begegnen.

愛

Leicht fällt dir zur Zeit leider gar nichts. Du fühlst dich blockiert, und nichts gelingt. Während du leidest, entwickelst du eine bestimmte Geschmeidigkeit, die dich belebt. Du triffst ein, zwei neue Menschen.

福

So schnell kommst du nicht ans Ziel. Du wirst aufgehalten und wirst alle Kräfte brauchen. Aber es liegen neue Chancen auf dem Weg, die du mitnehmen kannst. Zum Beispiel gute neue Beziehungen. Du kannst überraschenderweise auf Menschen zurückgreifen, die du bereits kennst.

富

Die Hinweise in den beweglichen Linien

Sechs als erste Linie bedeutet: Du stehst einem Hindernis gegenüber und mußt erst darüber nachdenken, wie du damit am besten umgehst. Es gibt immer einen richtigen Augenblick zum Handeln. Der ist noch jedoch noch nicht gekommen.

Sechs als zweite Linie bedeutet: Du bist gerade durch Einhalten deiner Verpflichtungen in eine schwierige Situation geraten, an der du keine Schuld hast. Deshalb versuche entschlossen, den Schwierigkeiten entgegenzutreten und das Bestmögliche zu erreichen.

Neun als dritte Linie bedeutet: Du oder eine andere wichtige Person stellt fest, daß entferntere Ziele derzeit nicht zu erreichen sind, und kehrt um.

Sechs als vierte Linie bedeutet: Wenn du dich jetzt auf ganz neue Dinge einlassen willst, bekommst du Probleme. Es ist gut, erst einmal eine Pause einzulegen. Es gibt aber eine vertraute Gruppe, vielleicht auch nur einen Menschen, zu der oder zu dem du zurückkehren kannst. Dort bekommst du die notwendige Unterstützung, um weiterzugehen.

Neun als fünfte Linie bedeutet: **Es steht schon fest, daß du tatkräftige Unterstützung unterhältst.** Es könnten verschiedene Menschen sein, denen gegenüber du eine möglichst offene Haltung haben solltest. Sie sind dir wohl gesonnen.

Sechs als sechste Linie bedeutet: Du kehrst zurück an einen inneren und/oder äußeren Platz, der dir voll und ganz entspricht. Du warst eine Weile unterwegs, konntest Vergleiche anstellen und viel dazulernen. Jetzt fließt dies alles als erfrischendes Element in dein Leben ein – unter dir vertrauten Umständen. Du könntest eine große Persönlichkeit kennenlernen, wieder treffen oder selbst eine solche Autorität sein.

40 Loslassen

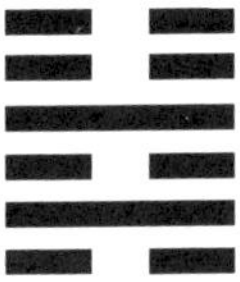

DSCHEN: DER DONNER

KAN: DAS WASSER

LOSLASSEN tut gut. Es muß aber auch entschieden werden über das *Wie* und *Was*. Wenn dazu etwas unternommen werden muß, ist jetzt der richtige Augenblick zu handeln. Wenn nicht, dann geht es schnell und einfach weiter.

Wenn du das Zeichen LOSLASSEN erhältst, naht eine Zeit der Entspannung, weil sich alle möglichen kleinen und großen Probleme zu lösen beginnen. Soviel Normalität wie möglich ist angesagt: Das gilt auch für deine innere Einstellung. Überlege, ob es wirklich nötig ist, in dieser Angelegenheit tätig zu werden. Überprüfe die Fakten. Wenn du etwas absolut Wichtiges übersehen hast, bemühe dich um Klärung.

Das Bild

Wieder stehst du irgendwo in der Natur, und in der Ferne grollt der Donner. Gleichzeitig beginnt es zu regnen. Schon fühlt sich die Luft frischer an, und die Spannungen der aufgeheizten Atmosphäre verschwinden. Du könntest dich ziemlich erschöpft fühlen. Doch du spürst, daß sich bald neue Kräfte regen werden. Das erleichtert dich. Loslassen bedeutet seltener zu handeln als einfach tief und befreit durchzuatmen.

Liebe, Glück, Erfolg

愛 LIEBE

Du kannst und willst niemanden festhalten und läßt deshalb jemanden genau jetzt los. Erst wenn du es hinter dich gebracht hast, weißt du, wie unglaublich gut es sich anfühlt. Sei nicht enttäuscht und trauere nicht hinterher, denn wer weiß, was du dir erspart hast.

福 GLÜCK

Du buchst kurz entschlossen einen Zustrom neuer frischer Kräfte. Einfach, indem du aufgibst. Du kannst ausruhen, dich von alten beengenden Beziehungen und Umständen lösen. Und relaxen. Dazu gehört etwas Mut.

富 ERFOLG

Mache reinen Tisch und entscheide dich für dich. Du kannst nur dann deine Ziele erreichen, wenn du Belastungen hinter dir läßt. Möglicherweise mußt du dir dazu etwas einfallen lassen. Vor allem, um dich selbst auszutricksen.

Die Hinweise in den beweglichen Linien

Sechs als erste Linie bedeutet: Es gibt nichts zu tun für dich. Nur ein Gebot der Stunde, das leicht zu beachten ist: Erhole dich in Ruhe. Denke an nichts Großartiges. Freue dich an deiner wiedergewonnenen Leichtigkeit.

Neun als zweite Linie bedeutet: Du hattest ein paar innere oder äußere Widersacher, von deren Einfluß du dich jetzt befreit hast. Dafür gibt es Extrapunkte. Du hast es geschafft, deine innere Mitte zu finden, und jetzt dürfte klar sein: **Wenn du bei deiner Sache bleibst, erreichst du, was du dir vorgenommen hast.**

Sechs als dritte Linie bedeutet: Du versuchst in einer Situation, die noch nicht richtig durchdacht ist, etwas Großartiges zu leisten. Vielleicht machst du dir selber Mut, während du ängstlich bist. Leider sind die meisten Menschen nicht sehr gütig, wenn sie erkennen, daß du total ungeschützt bist. Es wäre gut, jetzt einfach und offen zu sein und zu bleiben.

Neun als vierte Linie bedeutet: Du bist entweder einer lästigen Angewohnheit verfallen, oder du bist mit einer Gruppe oder einem anderen Menschen so verflochten, daß dieses Arrangement mit Mißtrauen betrachtet wird. Wenn du diese Zustände voller Energie ändern kannst, dann wird es eine positive Veränderung geben.

Sechs als fünfte Linie bedeutet: Es geht um innere Arbeit. Ein Entschluß muß innerlich gefaßt werden, sonst kann er nicht deutlich genug vertreten werden. **Deine Widersacher stecken wahrscheinlich in dir selbst.** Das können die *Nein-Sager* sein, aber auch die *Ja-Sager* oder die unentwegten Zweifler.

Sechs als sechste Linie bedeutet: Ein elementares Hindernis muß beseitigt werden. Sehr gut möglich, daß es in dir selbst steckt. Es könnte auch eine dich beherrschende Neigung sein, die bekämpft werden sollte. Oder ein Wettbewerb, den du bestehen mußt. Du kannst es.

41 Reduzierung

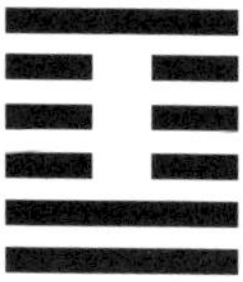

GEN: DER BERG

DUI: DER SEE

Eine REDUZIERUNG findet statt, und wenn sie sich mit Klarheit verbindet, geht alles gut. Es kann sein, daß ein kleines Zugeständnis gemacht werden muß, um die Situation in Bewegung zu halten. Reduzierung führt zu neuen Chancen.

Wenn du das Zeichen REDUZIERUNG erhältst, mußt du dich zunächst auf eine geschwächte Position einlassen. Es könnte sein, daß diverse Verschiebungen erforderlich sind, um eine angemessene Balance wiederherzustellen. Dies könnte das ein oder andere Opfer von dir verlangen, aber dir auch die ein oder andere Chance einräumen.

Das Bild

Du hast einen Weg zurückgelegt, und du stehst unten am Berg und betrachtest den See, der vor dir liegt. Du bist bemüht, dich bei diesem Bild zu entspannen, aber es fällt dir schwerer, als du dir wünschst. Der See ist dem Berg untergeordnet, nicht umgekehrt. Akzeptiere es einfach.

Liebe, Glück, Erfolg

愛 LIEBE

So einfach ist der Zugang nicht, etwa zu einem Menschen, den du dir für dein Leben wünschst. Je mehr du deine Vorstellungen loslassen kannst, desto eher könnten sich andere Gelegenheiten ergeben. Falls es Konkurrenz gibt, wäre es gut, wenn einer sich löst.

Nicht zuviel erwarten, heißt, weniger Enttäuschungen hinnehmen. Du erkennst, was dir wirklich wichtig ist, und konzentrierst dich darauf. Möglicherweise erhältst du eine unerwartete, große Chance.

Du sortierst aus und reduzierst die Ziele. Dadurch kannst du wieder Kräfte entfalten, die du einsetzen kannst. Ein Zuviel an Dingen, Umständen, Menschen oder Besitz könnte dich mehr belasten als der Verlust.

Die Hinweise in den beweglichen Linien

Neun als erste Linie bedeutet: Bleibe konsequent bei deinen eigenen, dir wichtigen Angelegenheiten und zögere nicht, dich dann für weitere Belange zu öffnen. Dabei ist eine überlegene Haltung, die sich auf sich selbst verläßt, von Vorteil. Verlaß dich nicht auf andere.

Neun als zweite Linie bedeutet: Du wirst freundlich aufgefordert, selbstlos zu sein und nicht über Vorteile, die du erringen könntest, zu spekulieren. Auch wenn andere jetzt die Gewinner sind, schlägt deine Stunde eben etwas später.

Sechs als dritte Linie bedeutet: Du könntest dich in einer schwierigen Dreier-Konstellation befinden, und einer von euch muß sich lösen, damit er einen passenden Partner finden kann. Sonst entsteht leicht Eifersucht, und es gibt ein ewiges Hin und Her, das dich unglücklich macht.

Sechs als vierte Linie bedeutet: Etwas hält andere davon ab, an deiner Seite zu stehen. Vielleicht findest du es heraus und kannst es abstellen. Wenn du nicht weißt, was es ist, frage doch mal ein paar enge Freunde. Aber am besten wäre es, du fragst dich das selbst.

Sechs als fünfte Linie bedeutet: **Du hast nicht damit gerechnet, aber du hast großes Glück. Du hast die seltene Chance, vom**

Schicksal begünstigt zu werden. Es ist sehr wichtig, daß du dieses Geschenk einfach annimmst. Und nicht zweifelst.

Neun als sechste Linie bedeutet: Dein Privatleben erfährt derzeit Einschränkungen, weil du in der Außenwelt eine wichtige Aufgabe übernimmst, die von dir hohen Einsatz verlangt. Dein neuer Platz erfordert viel Flexibilität. Du wirst dich für andere einsetzen und dich dabei wohl fühlen.

42 Bereicherung

SUN: DER WIND, DAS HOLZ

DSCHEN: DER DONNER

BEREICHERUNG bezieht sich nicht nur auf eine Minderheit, sondern auf mehrere. Dazu ist ein bestimmtes Projekt hervorragend geeignet. Dieses steht unter einem guten Stern.

Wenn du das Zeichen BEREICHERUNG erhältst, befindest du dich im Aufwärtssog einer starken Bewegung. Für wichtige Ziele notwendige Energien werden bestens von allen Seiten aufgebracht, weil in der Zeit der Bereicherung ein großer Ausgleich geschaffen werden muß, um eine zu starke Polarisierung zu Gunsten einer bestimmten Gruppe aufzuheben. Dazu kannst du beitragen, oder du profitierst von dieser Verschiebung.

Das Bild

Mitten in der Natur öffnen sich die Sinne durch die Konzentration der beiden Elemente. Die Kräfte Wind und Donner verstärken sich gegenseitig. In diesem Zusammenspiel liegt ihre Überlegenheit. Du könntest dir dies zum Vorbild wählen und sehen, wie sich Kompetenzen innerhalb deines Einflußbereichs günstig zusammentun könnten.

Liebe, Glück, Erfolg

愛

Es mehren sich die Chancen, einem interessanten Menschen zu begegnen. Oder eine bestehende Beziehung wird aufregender und sinnvoller. Deine von Sympathie getragenen Beziehungen retten dich durch einen Strudel neuer Ereignisse.

福

Du bist fasziniert von vielen neuen Möglichkeiten, die urplötzlich vor der Tür stehen. Du erhältst Anerkennung und weit mehr als das: Super Chancen, mit denen du nicht gerechnet hattest, stehen für dich an.

富

Du findest Unterstützung für deine Ziele. Möglicherweise öffnet sich die Tür zu einem neuen Gebiet, oder du erhältst den Zuschlag für eine Bewerbung, ein Projekt oder ähnliches. Nicht nur egoistisch zu denken, könnte dir ein weiteres Bezugsfeld bieten. Du bekommst mehr Verantwortung.

Die Hinweise in den beweglichen Linien

Neun als erste Linie bedeutet: Leg los, denn du wirst große Unterstützung erfahren, und dadurch kannst du deine Kräfte für einen guten Zweck bündeln. Je mehr du dich dabei von egoistischen Zielen lösen kannst, desto besser.

Sechs als zweite Linie bedeutet: Du hast unglaubliches Glück, und alle Umstände arbeiten für dich. Vielleicht sind es die unterstützenden Kräfte des Universums, weil deine Absichten gut sind und von entschieden positiven Absichten getragen werden. **Ein großer Glücksfall für dich und eine große Chance.**

Sechs als dritte Linie bedeutet: Es könnte sein, daß es gerade zunächst unglücklich erscheinende Umstände sind, die dich in eine Situation bringen, in der du etwas mit positiven Konsequenzen erreichen kannst. Auch wenn andere Verluste erleiden, so ist es dennoch vorgesehen, daß du jetzt gewinnst.

Sechs als vierte Linie bedeutet: Ein Bereich, der dich bislang beschäftigt hat, könnte von einem anderen abgelöst werden. Es wäre gut, wenn du dich auf alle deine Erfahrungen stützen und diese flexibel in die Situation einbringen könntest. Dir könnte eine wichtige Verantwortung übertragen werden.

Neun als fünfte Linie bedeutet: Zur Zeit ist es unklug, nach Ergebnissen zu suchen, weil dir dies keinen Erfolg bringt. Warte einfach ab und tue dein Bestes. **Du wirst erkannt und gesehen, und zwar als jemand, der Bewunderung verdient hat.**

Neun als sechste Linie bedeutet: Es sieht so aus, als ob du dich nicht genügend um deine innere Mitte, deine innere Ruhe und ein kluges Vorgehen bemühst. Es nützt nichts, dies einzusehen, wenn es bereits zu spät ist. Versuche deshalb, dich durch Meditation oder Yoga wieder selbst in den Griff zu bekommen.

43 Öffnung

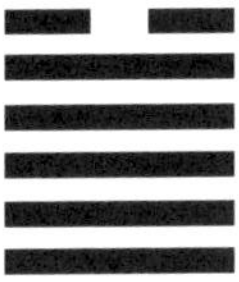

Dui: Der See

Kien: Der Himmel

ÖFFNUNG geschieht unmittelbar und bietet viele Chancen. Es müssen aber auch unpassende Elemente näher benannt und überwunden werden. Dies muß ohne Aggression geschehen.

Wenn du das Zeichen Öffnung erhältst, kannst du eine große Schlacht gewinnen. Diese trägst du vor allem in dir selbst aus. Je siegreicher du bist, desto erfolgreicher gestaltet sich die Suche nach einem Ventil für deine Lebenskraft und der große Wunsch, die Richtung selbst zu bestimmen. Du wirst auf die Notwendigkeit gründlicher Information aufmerksam gemacht.

Das Bild

Wasser und Himmel gehen ineinander über und bieten ein berückendes Bild. Sie könnten nun zu Verwirrungen aller Art führen. Denke etwa an Luftspiegelungen. Definition gewinnt an Bedeutung. Es ist klug, nun deine Ressourcen neu zu überprüfen und nach Möglichkeit diverse Bereiche neu zu strukturieren, wobei ein gerechter Ausgleich erzielt werden muß.

Liebe, Glück, Erfolg

Nur mit viel Power schaffst du einen Durchbruch. Du verbrauchst Kraft, um dich von Konkurrenz zu befreien. Ob er oder sie das alles wert ist – später wirst du es wissen. Du kannst dich zukünftig besser auf deine Intuition verlassen.

福 GLÜCK

Immerhin passiert jetzt genug, um angestaute Energien in Bahnen zu lenken. Es ist eine anstrengende Zeit, die du durchhalten kannst, weil sie dir anschließend mehr Spielraum schenkt.

富 ERFOLG

Mit kühlem Verstand verabschiedest du dich von belastenden Bekannten oder Partnern, die deinem Image schaden. Einige der lästigen Plagegeister verabschieden sich ganz freiwillig. Du erhältst Hinweise, was du besser machen könntest.

Die Hinweise in den beweglichen Linien

Neun als erste Linie bedeutet: Du hast große Lust voranzugehen, aber überall gibt es mächtige Hindernisse, die genau erkannt werden müssen. Jeder Anfang muß sorgfältig überlegt werden. Du weißt dich sicher in deiner Entschlossenheit, aber du mußt dich bremsen.

Neun als zweite Linie bedeutet: Du erlebst eine sehr anstrengende Zeit, weil du ständig auf der Hut sein mußt und jede Bewegung registrierst. Jetzt ist deine kühle Vernunft gefragt, und deine Emotionen sind deine Feinde. Furchtlosigkeit ist vielleicht eine Sache der freien Entscheidung, denn Angst ist ein Zustand, der meist unfreiwillig ernährt wird.

Neun als dritte Linie bedeutet: Es könnte sein, daß du dich mit einem oder mehreren nicht so geschätzten Menschen zusammengetan hast und du nun mit diesen für eins erklärt wirst. Das hört auch wieder auf, wenn du dich normal verhältst. Du könntest auch anderen auf die Nerven gegangen sein, die sich jetzt darüber auslassen.

Neun als vierte Linie bedeutet: Du erhältst jede Menge gute Ratschläge, die du momentan ziemlich empört von dir weist. Überlege mal, welche sich ständig wiederholen –

und probiere wenigstens einen davon aus. Es könnte dir eine ganz neue Blickrichtung ermöglichen, wenn du dir die Zeit nimmst, es zu überprüfen.

Neun als fünfte Linie bedeutet: Vielleicht erkennst du, wo deine Gegner sitzen, im Außen und/oder im Inneren. **Du brauchst deine ganze Kraft, an dich zu glauben und dich nicht ablenken zu lassen.**

Sechs als sechste Linie bedeutet: Du wirst nicht benachrichtigt, wenn ein – auch noch so kleiner – Teil deiner inneren oder äußeren Widersacher entkommt. Aber du wirst es spüren, und dann geht es wieder von vorne los. Bleibe jetzt dran und glaube an dich. Denn es könnte für dich problematischer werden.

44 Begegnung

Kien: Der Himmel

Sun: Der Wind, das Holz

BEGEGNUNG ist nicht immer für die Dauer bestimmt, und trotzdem können sich selbst unter ganz unpassenden Begleitumständen wertvolle Erfahrungen sammeln lassen. Nur sollte Vorsicht oberstes Gebot bleiben.

Wenn du das Zeichen Begegnung erhältst, geht es um die Beobachtung diverser versteckter Einflüsse und um Macht. Wer diese kleinen Spiele cool zu betrachten weiß, könnte auch einige schöne Chancen erhalten. Die Begegnung könnte vor allem in den Augen der Öffentlichkeit keinen Bestand haben. Dennoch gibt es etwas sehr Kräftigendes in einem Zusammentreffen, in dem es auch um

Macht und Manipulation, um Tricks oder um unangemessene Taktiken gehen kann. Aber auch um Erkenntnisse.

Das Bild

Unter dem Himmel weht der Wind und bringt Bewegung in alles, was sich auf der Erde befindet. Du spürst, daß dies eine spielerische, aber seltsam wirkungsvolle Energie ist, und könntest sie als Beispiel für dich nutzen wollen. Allerdings bist du nicht allein mit dieser Wahrnehmung. Bedenke, daß sich unter den Bedingungen des Luftigen alles schneller und weniger kontrolliert ausbreitet. Deshalb ist eine fest entschlossene Haltung erstrebenswert.

Liebe, Glück, Erfolg

愛 LIEBE

Eine Neigung zum Extravaganten kann im Treffen mit einer faszinierenden Person besiegelt werden. Diese versöhnt dich mit den Banalitäten des Lebens, auch wenn es nicht die große Liebe sein oder bleiben wird.

福 GLÜCK

Mitten im Trubel stellst du fest, daß mehrere Umstände sich später nachteilig entwickeln könnten – wenn du sie jetzt nicht im Zaum hältst und kontrollierst. Inmitten kleiner Störungen entdeckst du eventuell die Spur zu einer einmaligen Chance.

富 ERFOLG

Im Moment schlitterst du nur so durch eine turbulente Welt. Rechts und links mußt du kleine Intriganten abwinken, abschütteln und irgendwie die Richtung finden. Allerdings: Wenn du intuitiv richtig handelst, entdeckst du – noch verborgen! – eine super Basis für neue Erfolge.

Die Hinweise in den beweglichen Linien

Sechs als erste Linie bedeutet: Irgend etwas amüsiert dich mehr, als daß es dir Sorgen bereitet. Das sollte es aber.

Denn was auch immer dieses Element ist, es könnte einfach stärker werden und die Situation kontrollieren. Deshalb kümmere dich um das, was sich gerade abspielt, und begrenze es.

Neun als zweite Linie bedeutet: **Du hast eine mögliche Gefahr schon erkannt und mußt jetzt verhindern, daß sie sich weiter ausbreiten kann.** Es zeichnet sich ab, daß die Verhältnisse sich so nicht aufrechterhalten lassen.

Neun als dritte Linie bedeutet: Du bekommst ein verlockendes Angebot oder siehst eine Richtung, die du gerne einschlagen würdest. Es könnte aber trotzdem die falsche Richtung für dich sein, und du wirst durch alle möglichen Ereignisse daran gehindert. Erkenne an, daß es ganz gut ist, daß deine Entscheidung gar nicht mehr nötig ist.

Neun als vierte Linie bedeutet: Du bist klug, wenn du dir viele Optionen offen läßt, denn zur Zeit hast du nicht das Richtige zu bieten. Oder andere können dir nicht das anbieten, was jetzt für dich erforderlich ist.

Neun als fünfte Linie bedeutet: **Du hast Glück.** Etwas bislang nicht Sichtbares bringt dir genau das, was du brauchst, um vorwärtszukommen. **Es liegt aber auch daran, daß du die Intelligenz und Intuition besitzt, eine gute Gelegenheit zu nutzen.** Vielleicht wirst du auch von anderen entdeckt.

Neun als sechste Linie bedeutet: Ausgeprägte Individualität ist kein reines Vergnügen und gibt durchaus Anlaß für Reibereien. Aber sie macht auch stark und unabhängig vom Mainstream. Bleibe dabei.

45 Konzentration

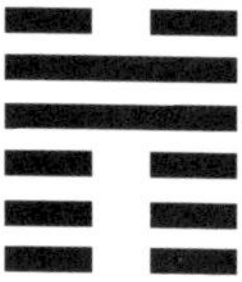

Dui: Der See

Kun: Die Erde

KONZENTRATION nimmt ihren Anfang sowohl im Inneren wie im Äußeren. Menschen mit großem Einfluß betreten einen gemeinsamen Raum, so daß Kompromisse gemacht werden müssen. Der Einsatz an Kraft wird belohnt.

Wenn du das Zeichen Konzentration erhältst, erkennst du, daß du langsam deine Vision in die Realität umsetzen könntest. Dabei bist du gefordert, die Schwerpunkte deiner Konzentration zu hinterfragen. Das könnte deine Selbstdisziplin betreffen, verschiedene Vorbehalte oder ein Ziel. Personen, die deine Interessen und dich betreffen, treten auf und unterstützen dich, wenn du deinen Absichten treu bleibst. Vielleicht wirst du ein paar Kompromisse eingehen müssen.

Das Bild

Der See, der sich so heiter und sanft der Betrachtung anderer hingibt, steigt wie von selbst höher und höher. Er erhebt sich über die ihn sonst begrenzende Erde. Eine Überschwemmung droht, wenn nicht entsprechende Maßnahmen ergriffen werden. So könnte auch das visionäre und kreative Element das Machbare überragen und muß deshalb auf seine Möglichkeiten, sich anzupassen, untersucht werden.

Liebe, Glück, Erfolg

愛

Du tauschst dich aus mit dem Menschen, dem du Vertrauen schenkst. Das ist eine große Bereicherung, und doch bist du in wesentlichen Dingen auf dich selbst angewiesen. Macht nichts, ihr redet später darüber.

福

Einiges spitzt sich jetzt zu – deine Überzeugungen, deine Pläne, die der anderen. Fast schon wie Zauberei ist die Aufmerksamkeit, die du von einer bedeutenden Persönlichkeit erhältst. Du erfährst Unterstützung.

富

Du bist auf der Suche nach neuer Orientierung. Das gelingt dir. Du bist nicht allein mit einem konkreten Plan. Es steht auf der Kippe, ob dir der Eintritt in eine geschlossene Gruppe gewährt wird oder nicht. Du findest eventuell sogar angesehene Unterstützung.

Die Hinweise in den beweglichen Linien

Sechs als erste Linie bedeutet: Laß dich nicht unnötig ablenken oder von anderen beeinflussen. Überdenke deinen Standpunkt und stehe dazu. Du kannst einer wichtigen Persönlichkeit dein Vertrauen schenken und wirst dadurch gestärkt. Bleibe für andere durchschaubar und offen.

Sechs als zweite Linie bedeutet: Das erhabene I GING spricht von geheimen Kräften, die dafür sorgen, daß sich Menschen, die einander unterstützen können, auch finden. Nur mußt du auch bereit sein, für solche Zauberkräfte auf etwas zu verzichten.

Sechs als dritte Linie bedeutet: Du würdest gerne in eine erfolgreiche oder/und angesehene Gruppe aufgenommen werden. Aus unerfindlichen Gründen wird dir aber der Zugang verwehrt. Deshalb könntest du versuchen, jemanden zu finden, der dich dort vorstellt oder unterstützt.

Neun als vierte Linie bedeutet: **Du hast Glück, weil du auf eine einflußreiche Persönlichkeit triffst,** die sich im Sinne einer größeren Sache unparteiisch, aber zu deinen Gunsten verhält.

Neun als fünfte Linie bedeutet: Im großen und ganzen hast du jetzt wirklich alle Trümpfe in der Hand. Auch wenn noch nicht alle restlos von dir oder deinen Plänen überzeugt sind. **Deine Entschlußkraft sollte besser noch eine Weile andauern. Auf jeden Fall sind alle Zeichen günstig, daß du vorwärtsgehen kannst.**

Sechs als sechste Linie bedeutet: Du hast es nicht geschafft, dich mit den richtigen Kräften oder Menschen zu verbinden, und solltest deine Betroffenheit und Traurigkeit ehrlich äußern. Schenke anderen reinen Wein ein. So könnte sich doch noch einiges zum Guten und Erwünschten wenden.

46 Aufstieg

Kun: Die Erde

Sun: Der Wind, das Holz

Der Entschluß zum AUFSTIEG hat sich gefestigt. Deshalb kann es gelingen, ein Ziel zu erreichen. Die wichtigen Kontakte können ohne Befürchtungen geknüpft werden.

Wenn du das Zeichen Aufstieg erhältst, ändert sich das ganze Umfeld sehr positiv für dich. Deshalb solltest du jetzt diese gute Zeit nutzen und auf die oder den hilfreichen Menschen zugehen. Jetzt geht es darum, zu handeln und alles zu unternehmen, was möglich ist. Und darum, gründlich zu sein. Dennoch ist Umsicht geboten, weil günstige Umstände sehr schnell erkannt und genutzt werden müssen.

Das Bild

Sieh dich um und betrachte den Wald. Jeder mächtige Baum nimmt seinen Anfang fein und unerkannt in der Dunkelheit der Erde. Dort findet er die Voraussetzungen, als Keimling weich und biegsam zu sein, um alle Hindernisse zu umgehen und endlich ans Licht zu gelangen. In diesem Bild findest du dich wieder. Oder jemand, der dir wichtig ist.

Liebe, Glück, Erfolg

Wenn zwei sich auf Anhieb verstehen, spricht man gerne von Seelenverwandtschaft. Genieße es restlos. Der intensive Gedankenaustausch klärt deine Gefühle und tut dir gut. Wer weiß, was daraus noch erwächst. 愛

Endlich öffnen sich die Pforten. Du spürst schon die frische Luft, die dir entgegenweht. Daher ziehe schnell diese Energien an dich und relaxe. Du hast dir ein gutes Image geschaffen, und das stärkt dich. 福

Wenn du kraftvoll und zugleich rücksichtsvoll vorgegangen bist, wird dich niemand mehr an super Ergebnissen hindern. Die Stunde der Gunst währt nicht ewig. Daher handele besser konzentriert und schnell. 富

Die Hinweise in den beweglichen Linien

Sechs als erste Linie bedeutet: Noch ist alles nur in Andeutungen spürbar. Das ist gut für dich, weil so die ganze Entwicklung noch vor dir liegt. Jetzt könntest du auf eine wesensverwandte Person treffen, die dir vertraut und die dich weiterbringt.

Neun als zweite Linie bedeutet: Wenn es dein unverwechselbarer Stil ist, die Dinge unverblümt auf den Tisch zu legen, dann schadet es diesmal nicht. Du könntest zwar nicht ganz den Stil deines Gegenübers treffen, aber es wird akzeptiert, und es geht weiter.

Neun als dritte Linie bedeutet: Zunächst sieht es so aus, als ob sich dir keinerlei Hindernisse entgegenstellen. Du bist relativ fasziniert, wie schnell jetzt alles geht. Allerdings könnte dieser reibungslose Ablauf auch noch seine Tücke haben. Trotzdem bist du aufgefordert weiterzugehen.

Sechs als vierte Linie bedeutet: Behalte eine durch und durch fröhliche Stimmung. Hier wird dir eine große Chance eingeräumt, und wenn du alles richtig gemacht und nichts übersehen hast, erhältst du, was du dir gewünscht hast. Du wirst von anerkannten Autoritäten geschätzt und weiterempfohlen.

Sechs als fünfte Linie bedeutet: Du hast übergroße Ausdauer gezeigt und bist jetzt auf Erfolgskurs. **Achte darauf, daß du keine Stufe übersiehst.** Dann allerdings könntest du dich jetzt wirklich freuen.

Sechs als sechste Linie bedeutet: Du wirst gewarnt, jetzt nicht auf dein blindes Glück zu vertrauen. Das macht dich unvorsichtig, und du verlierst mehr Punkte, als du riskieren solltest. Konsequentes Handeln ist angesagt. Denke immer an die Einfachheit deiner Anliegen und verhalte dich entsprechend einfach.

47 Bedrückung

DUI: DER SEE

KAN: DAS WASSER

BEDRÜCKUNG mobilisiert persönliche Stärke. Wer in einer schwierigen Lage den Wert der Ausdauer erkennen kann, findet zu sich selbst und irgendwann auch zum Glück. Doch bis dahin ist es ein langer Weg, auf dem es noch keinerlei Anzeichen gibt.

Wenn du das Zeichen BEDRÜCKUNG erhältst, erfährst du durch das erhabene I GING, wo du dich befindest: nämlich in einer tiefen Talsohle. In der Ungewißheit dieser unerträglichen Zeit wirst du erfahren, wer du wirklich bist. Du wirst mit vielen Problemen konfrontiert und darfst dennoch deinen Mut nicht sinken lassen.

Das Bild

Wasser und See. Ein meditativer Augenblick oder die Wahrnehmung von beängstigender Tiefe? Oder nur ein trügerischer Wasserspiegel? Hier erfährst du, daß kein Wasser im See ist. Du wagst es nicht, dies selbst zu überprüfen, aber dir würde auch im Augenblick die Kraft dafür fehlen. Über dich selbst bist du in tiefe Zweifel geraten, weil du davon ausgegangen bist, daß alles gutgeht. Aber nichts läuft so, wie du es dir vorgestellt hast. Biete alle deine Kräfte auf, um weiterzugehen.

Liebe, Glück, Erfolg

愛 LIEBE

In einer Liebe kommt es zu Tränen. Eine alte Richtung entpuppt sich als ausweglos, und niemand vermag dich zu trösten. Nur ein Held, eine Heldin hält dies durch und bemüht sich dennoch um Zuversicht. Und siehe da ...

福 GLÜCK

Hart geht es zu. Du mußt eine schwierige Phase vor allem innerlich gut überstehen. Es gibt nur kraftlose Bemühungen, dich zu unterstützen, aber sie sind wenig wirkungsvoll. Konzentriere dich auf Positives.

富 ERFOLG

Du gehst durch einen dunklen Tunnel und visualisierst das Licht am Ende des Weges. Nur wenn du diese imaginative Technik täglich übst, verzweifelst du nicht. Tatsächlich wirst du es schaffen, und die Zeiten ändern sich auch wieder.

Die Hinweise in den beweglichen Linien

Sechs als erste Linie bedeutet: Du mußt jetzt sehr auf dich selbst achten und darfst keinesfalls den Mut verlieren. Es kann sein, daß du in einer Depression steckst. Denke an das Licht am Ende des Tunnels, damit du die Talsohle überwindest. Übe täglich, auch wenn es nur fünf Minuten sind. Es hilft dir, diese Zeit zu bewältigen.

Neun als zweite Linie bedeutet: Dir geht es zwar den Umständen entsprechend gut, aber eine Unterbrechung würde dich erfreuen. **Du merkst, daß es eine Annäherung von außen oder von übergeordneten Stellen gibt.** Unternimm von dir aus nichts.

Sechs als dritte Linie bedeutet: Im Prinzip hast du den Faden verloren. Du stehst dir selbst ratlos gegenüber, und deshalb kannst du nicht einmal mehr deiner Intuition vertrauen. Erforsche dein Gewissen und verändere etwas an den Dingen, die du herausfindest. Sorge dafür, daß du deine Plus- und Minuspunkte auseinanderhalten kannst. Das wäre die Grundlage für Besseres.

Neun als vierte Linie bedeutet: Das Netzwerk, das du brauchst, erweist sich als zu schwach, weil jeder erst einmal seine eigenen Schäfchen ins trockene bringen will. Dies ist nur vorübergehend. Schließlich wäre es gut, wenn du deine Anliegen konkret mitteilst. Dazu mußt du den richtigen Augenblick abwarten.

Neun als fünfte Linie bedeutet: **Du verfehlst knapp die Menschen, die dich unterstützen könnten.** Die Situation ist geschwächt, wird sich aber erholen. Bleibe innerlich stark, das hilft dir. Vielleicht würde es dich auch innerlich und moralisch stärken, wenn du auf etwas, das dir Spaß macht, bewußt verzichtest.

Sechs als sechste Linie bedeutet: Du stehst noch unter dem Eindruck von negativen Bildern aus der Vergangenheit. Du bist erschöpft und zweifelst an dir. Vieles, was dich lähmt, beruht auf Annahmen, die sich in der Realität nicht unbedingt als so schwerwiegend erweisen müssen. Sobald du dies durchschaust und das Neue entschlossen wagst, wird sich alles ändern.

48 Brunnen

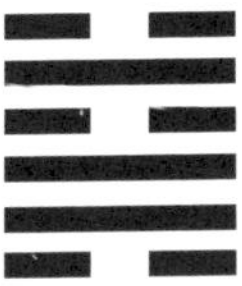

Kan: Das Wasser

Sun: Der Wind, das Holz

Ein BRUNNEN ist für alle da und muß immer zugänglich sein. Er darf nur auf vorschriftsmäßige Weise genutzt werden. Ein verdorbener Brunnen schädigt die Grundlagen einer Gemeinschaft.

Wenn du das Zeichen BRUNNEN erhältst, wirst du auf große Sorgfalt und langsames, konsequentes, ja perfektes Vorgehen hingewiesen. Ein BRUNNEN zählt zu den Leistungen der Kultur und trägt naturgemäß zur Erhaltung des Lebens bei. Es gibt nur einen Weg, wie er genutzt werden kann. Diesen mußt du finden.

Das Bild

Das Holz saugt in der Tiefe das Wasser auf, und es steigt gemächlich nach oben. Auch der Brunnen operiert nach diesen Gesetzen. Du könntest dir dies eine Weile ansehen oder vorstellen und dann das Bild auf alle Bereiche deines Lebens übertragen. Du erkennst, daß die Verbindungen perfekt funktionieren müssen, um das Ergebnis oder die Substanz, um die es dir geht, dorthin zu bringen, wo du sie haben willst und wo sie von Nutzen ist.

Liebe, Glück, Erfolg

愛 LIEBE

Möglicherweise spiegelt dir jemand ein Bild von dir, das nicht stimmt. Falls es so ist, laß dich nicht weiter mit diesem Menschen ein, sondern nimm eine Auszeit. Deine Batterien müssen aufgeladen werden. Du willst eventuell an dir etwas ändern.

福 GLÜCK

Du bist weit gewandert und möchtest dich erfrischen. Du suchst hoffnungsvoll deine inneren Werte und Ressourcen. Wenn du diese gut entwickelt und gepflegt hast, steht deiner Erquickung nichts im Wege.

富 ERFOLG

Deine Basis muß stimmen. Sorge für klare Verhältnisse und für Kommunikation oder die berechtigte Anerkennung anderer. Nur das ist es, das dich nährt und am Leben hält. Bleibe intensiv und denke an die Gemeinschaft, zu der du gehörst.

Die Hinweise in den beweglichen Linien

Sechs als erste Linie bedeutet: Du bist dabei, dir selbst jegliche Bedeutung zu nehmen. Dich selbst zu entwerten, ist geradezu verwerflich und falsch und bringt dir rein gar nichts. Fange an, dein Image zu ändern. Aber tue dies zunächst nur für dich selbst.

Neun als zweite Linie bedeutet: Du hast dich an Leute gewöhnt, die nichts besonders würdigen oder deine Werte nicht teilen. Du solltest dich fragen, warum du dir solche Leute aussuchst und weshalb du vergessen hast, daß ein Brunnen wertvolles *Wasser* – deine Fähigkeiten und Begabungen zum Beispiel! – an die Oberfläche befördern soll. Du brauchst Menschen, die dich reflektieren und unterstützen.

Neun als dritte Linie bedeutet: Ein begabter Mensch findet nicht die Anerkennung und den Platz, der ihm zusteht. Falls du damit gemeint bist, gibt es nur eins: Glaube an dich und stelle dir vor, wie du dorthin kommst, wo du hingehörst. Handle energisch und kontinuierlich. Vielleicht mußt du einiges intensiver angehen.

Sechs als vierte Linie bedeutet: Du bist mit dir selbst beschäftigt, und das ist dringend notwendig, damit es weitergeht. In dieser Zeit lernst du viel und kannst nur wenig leisten. Dafür wirst du sicher später eine bessere Situation vorfinden.

Neun als fünfte Linie bedeutet: **Im Prinzip ist alles sehr gut vorbereitet, und du könntest am richtigen Platz sein.** Aber die Entwicklung ist noch nicht abgeschlossen, womöglich hat sie auch noch nicht richtig begonnen. Es gibt noch einiges zu tun.

Sechs als sechste Linie bedeutet: Du hast alles richtig gemacht, und deshalb wird dein Vorhaben gelingen. Aber sicher ist auch, daß deine innere Schau klar und ungetrübt ist und du daher für alle ein Gewinn bist. Bewahre deine Selbstwahrnehmung und Sicherheit.

49 Umsturz

DUI: DER SEE

LI: DAS FEUER

UMSTURZ bedarf der inneren Gewißheit und Klarheit. Der exakte Zeitpunkt der Einsicht für alle Seiten ist gekommen. Eine bestimmte Entwicklung oder ein Plan erreicht die Zone der Verwirklichung, wobei strikt geändert und transformiert wird.

Wenn du das Zeichen UMSTURZ erhältst, wirst du neugierig werden auf erhebliche Veränderungen, die sich bereits abzeichnen. Beharrlichkeit ist also weiterhin angebracht, während du überprüfst, wo sich ein echter Wandel vollzieht und wie er vonstatten geht. Du wirst nicht übersehen. Denn du steckst mitten drin und stehst im Mittelpunkt einer Revolution.

Das Bild

Der kühle See fängt an zu kochen wie ein Geysir, und es ist vorbei mit der beschaulichen, glatten und sanften Oberfläche. Es sollte dir eigentlich gefallen, daß sich immer wieder leidenschaftliche Kräfte mit neuen Impulsen regen, die herausfordern und geradezu gebändigt werden wollen. Eine Transformation und eine völlige Veränderung liegen in der Luft.

Liebe, Glück, Erfolg

Der lange schöne oder lethargische Traum endet. Die Realität schaltet sich ein und weckt dich. Das muß gar nicht schlecht sein. Du siehst einen Bezugspartner plötzlich ganz anders, und dich selbst auch. Dieses klare Licht beruhigt und regt an.

愛

Natürlich ziehst du gern die „Ereigniskarte“ wie bei Monopoly, wenn du eine längere Phase der Stagnation ertragen hast. Das heißt Risiko. Du kannst jetzt ohnehin wenig selbst ansteuern, weil sich einiges bewegt. Neue Kontakte ergeben sich.

福

Du bist kompromißbereit, und das hilft dir, dich in eine neue Situation schnell einzufinden und später zu punkten. Direkt mit großen Zielen aufzuwarten, wäre derzeit nicht machbar.

富

Die Hinweise in den beweglichen Linien

Neun als erste Linie bedeutet: Du begibst dich in eine passive Haltung und wirst damit gegenüber Ereignissen flexibler. Das befreit dich von Spannung, und es wird dir empfohlen, lieber gar nicht oder nur sehr langsam und sanft vorzugehen. Jeder Versuch einer Einflußnahme wird scheitern.

Sechs als zweite Linie bedeutet: Langsam naht deine große Stunde. Wenn du deine Angelegenheiten betrachtest und überlegst, wie viel Energie du schon investiert hast, mußt du dir alles noch einmal aus einer anderen Perspektive ansehen. Vielleicht kannst du einen Agenten finden, der die Fäden knüpft, oder du vertraust deiner Intuition. Stärke dich jetzt innerlich und sei startklar.

Neun als dritte Linie bedeutet: Du darfst jetzt weder länger zögern, noch darfst du großartig handeln. Du bist aufgefordert, dir alle Gesichtspunkte – von wem auch immer geäußert – klar und unparteiisch anzusehen und möglicherweise einen Kompromiß einzugehen, der auch genau zur richtigen Zeit kommt. Falls du eine gute intuitive Wahrnehmung hast, wirst du ein ganz feines Zeichen – z. B. einen neuen Kontakt oder die Bitte, näherzukommen – erkennen und erfahren, was wann zu tun ist.

Neun als vierte Linie bedeutet: Wenn du einen Durchbruch willst und etwas Grundlegendes verändern möchtest, kannst du nur dann auf Unterstützung hoffen, wenn deine Wünsche mehreren zugute kommen. Du könntest selbst einige Überlegungen dazu anstellen. Es kann sein, daß du ganz neue Bedingungen akzeptieren mußt.

Neun als fünfte Linie bedeutet: Wie ein perfektes Logo für ein Produkt: **Du schaffst es, deine Anliegen so klar und präzise zu benennen, daß jeder deinen Vorstellungen folgen kann.** Deswegen muß auch nicht mehr gerätselt werden. Du nimmst jetzt Einfluß auf die Situation.

Sechs als sechste Linie bedeutet: Alles, was du noch verändern mußt, hast du im großen und ganzen bereits getan, und es handelt sich nur noch um Kleinigkeiten. Beginne jetzt nichts Neues. Bleibe am besten kompromißbereit, wenn du keinen Ärger willst. Alle großen Revolutionen enden so.

50 Kessel

Li: Das Feuer

Sun: Der Wind, das Holz

KESSEL steht als Symbol für die Kultivierung des Alltäglichen und Notwendigen. Im KESSEL kann die Nahrung für den Einzelnen sowie für eine Gruppe zubereitet werden. Deshalb ist es ein sehr gutes Zeichen.

Wenn du das Zeichen Kessel erhältst, näherst du dich dem Punkt, an dem das *Garen* beginnt. Der Kessel symbolisiert ähnlich wie der Brunnen eine der Handlungen, die am Anfang der Zivilisation standen, und darin liegt eine besondere Bedeutung. In deiner jetzigen Situation liegt ein ausgesprochener Segen, der sowohl materiellen wie auch ideellen Inhalten gilt. Es kann auch ein segensreicher Prozeß der Transformation eingeleitet werden, weil sich die dafür notwendigen Elemente Feuer und Holz am richtigen Platz befinden.

Das Bild

Mitten in der Dunkelheit siehst du ein Feuer, das von Holzscheiten genährt wird. Es spendet Wärme, und nach einem langen Tag stellt sich Ruhe ein. Tee oder Essen kann gekocht werden, je nachdem. Das kann nur geschehen, weil es genügend Holz für das Feuer gibt und alles in die richtige Position gebracht wurde. So sollten auch deine Wünsche und Handlungen, deine innere Haltung und die anderer betroffener Personen in die richtige Reihenfolge gebracht werden.

Liebe, Glück, Erfolg

So fühlen sich Gefühle einfach perfekt an. Du erreichst eine ausbalancierte emotionale Haltung. Dies erleichtert eine liebevolle und respektvolle Kommunikation und einen Gedankenaustausch mehr als unkontrollierte Schmetterlinge im Bauch.

LIEBE 愛

Halte fest, was dich ausmacht. Du kannst deine Kraftreserven mühelos abrufen und sie für alles einsetzen: Freundschaften, Liebe, Job. Investiere jetzt Kraft in Kommunikation und für mehr Freude an allem, was du unternimmst.

GLÜCK 福

富 ERFOLG

Konkret bleiben und nichts zerreden. Alle Pläne sollten offen auf den Tisch; mache klar, was dein Anteil am Ganzen ist. Laß dich nicht auf „Kleingeisterei" ein. Stehe für dich ein. Neue Energien werden gerade frei.

Die Hinweise in den beweglichen Linien

Sechs als erste Linie bedeutet: Bevor du eine bessere Situation genießen kannst, mußt du erst einmal alte Sachen erledigen, damit für neue Aufgaben Energie frei wird. Du könntest eine Chance dadurch erhalten, daß du etwas wirklich Attraktives anzubieten hast. Dabei wird weniger Wert auf deine Person gelegt. Allerdings mußt du sehr geschickt vorgehen, weil du nicht alle Joker in der Hand hältst.

Neun als zweite Linie bedeutet: Wenn du wirklich gut bist und etwas Originelles dich auszeichnet, ist dir der Neid anderer sicher. Wenn du dich auf diese Wahrnehmung länger einläßt, wirst du dir sehr schaden und dich mehr verletzen, als du ahnst. Wende deshalb deinen Blick möglichst schnell und unbekümmert ab und halte dich an deine Kraft.

Neun als dritte Linie bedeutet: Eine beschwerliche Situation bietet sich dir, obwohl eigentlich alles perfekt sein könnte. Doch wenn es dir nicht gelingt, dich selbst und deine Absichten verständlich zu machen, kann es keinen Fortschritt geben. Glaube an dich und an das, was du zu geben hast. Irgendwann siegst du.

Neun als vierte Linie bedeutet: Du weißt selbst, daß du nur mit halber Kraft handelst, und deshalb wird dir im Moment nichts gelingen. Du mußt jetzt aufpassen, damit dir keine peinlichen Fehler passieren. Du solltest lieber eine lange Pause machen.

Sechs als fünfte Linie bedeutet: **Du hast deine Dinge sehr gut im Griff.** Um deine Pläne zu vollenden, brauchst du möglicherweise einige zuverlässige und gut geeignete Leute. Dazu wirst du dich vielleicht auf eine geringere Stufe stellen müssen. **Vor allem ist es wichtig, den Blick von dir selbst zu lösen und dich auf die Außenwelt zu konzentrieren.**

Neun als sechste Linie bedeutet: **Du findest sehr gute Bedingungen vor und mußt dich mit strengen Maßstäben messen lassen. Deine Werte werden in hohem Maße akzeptiert und anerkannt.** Weil deine Ansprüche an dich selbst sehr hoch sind, schaffst du es, voll unterstützt zu werden.

51 Donner

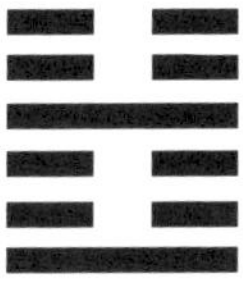

DSCHEN: DER DONNER

DSCHEN: DER DONNER

DONNER tritt machtvoll und beeindruckend auf, aber er ist keine wirkliche Macht. Donner beherrscht, und dennoch ist er in letzter Bedeutung nicht mehr als ein Weckruf. Seinetwegen dürfen begonnene Handlungen, Absichten, Ziele und Verpflichtungen nicht unterbrochen werden.

Wenn du das Zeichen DONNER erhältst, gerätst du mit all deinen Werten und Überzeugungen in eine Krise, die dich absolut erschrecken kann – sowohl innerlich wie auch äußerlich. Bleibe in deiner inneren Mitte, was auch immer geschieht. Sei dir deiner selbst zutiefst sicher, vergewissere dich deiner persönlichen Kraft und Fähigkeiten, mit denen du dein Leben gestaltest, und respektiere dich selbst, deine Begabungen und die kostbare Welt deiner Gefühle.

Das Bild

Donner oben und Donner unten. Eine starke Vibration erfaßt deinen Körper und deine Seele. Du fühlst dich allein gelassen und empfindest plötzlich tiefe Furcht. Dies ist die Gefühlslage, in der der Mensch vor seine Götter – welche auch immer das sind – tritt und sich mit Demut seiner Kleinheit bewußt wird. Dies könnte sich für dich als heilsam erweisen und dir vielleicht die Erkenntnis bringen, wie viel Angst selbst Götter haben müssen, wenn sie dies dem Menschen zumuten. Welchen anderen Grund könnte es sonst geben?

Liebe, Glück, Erfolg

愛 LIEBE

Die elektrisierte Atmosphäre bereitet dich vor. Knallartig kann sich eine Menge ändern, denn der Donner folgt dem Blitz. Etwas tendiert zu Veränderungen. Doch ist es einfach angeordnet im Wandel aller Dinge – seien es Liebe oder bestimmte Lebensumstände.

福 GLÜCK

Du bist Teil der Epoche, in der du mit anderen lebst. Plötzliche Erschütterungen gehören zum realen Leben. Sie kündigen häufig bedeutende Richtungswechsel an. Das kann ein hohes Potential bergen, das du erst später würdigst.

富 ERFOLG

Du plantest eine ruhige, zufriedene Welt, und es kommt anders. Unterscheide in deinen wertenden Reaktionen unabänderliche und alternative Faktoren. Wie andere reagieren, ist derzeit nicht deine Angelegenheit. Bleibe vor allem cool.

Die Hinweise in den beweglichen Linien

Neun als erste Linie bedeutet: **Hier löst sich der Schrecken schneller auf, als er sich aufgebaut hat.** Du wirst dich bald wieder leichter fühlen. Dennoch erlebst du im Zeitraffer eine Menge bedrohlicher Vorstellungen.

Sechs als zweite Linie bedeutet: Du hast keinen Erfolg mit deinen Bemühungen, und die Bedingungen der Zeit schädigen dich erheblich. Denke an die große Lektion der Zuversicht und ordne deine inneren Werte. Mit ihnen gehst du weiter und transformierst dein Leben. Gewinn und Verlust sind immer wieder Wandlungen unterworfen und gleichen sich aus, wenn du der Zeit und den Gesetzen des Wandels vertraust.

Sechs als dritte Linie bedeutet: Du bist so von einer bedrohlichen Situation gelähmt, daß du nicht mehr handeln kannst. Bemühe dich, deine Gefühle auszuschalten. Du kannst die Situation entschärfen, wenn du in der Lage bist, mit logischem Denken notwendige Schritte einzuleiten.

Neun als vierte Linie bedeutet: Du kannst nicht viel tun, weil alles sehr langsam verläuft und du keine klare Front findest, an der du kämpfen kannst. Du mußt dich Tag für Tag immer wieder neu einer ermüdenden Situation stellen.

Sechs als fünfte Linie bedeutet: Deine Situation ist kraftraubend, weil du pausenlos gefragt bist, mit allen auftauchenden Ereignissen engagiert umzugehen. Auf diese Weise hast du genügend zu tun, um nicht auch noch in Schwermut zu verfallen. Bleibe in Bewegung, auch wenn die Resultate klein sind.

Sechs als sechste Linie bedeutet: Du nimmst überall Signale für Gefahren und Risiken aller Art wahr. Übernimm nicht die Aufregungen anderer Personen, mit denen du verbunden bist, sondern ziehe eine entschiedene Grenze, die dich von ihnen trennt. Auch wenn es heftige Vorwürfe gibt, ist das der einzige Weg, zur eigenen Klarheit zu finden.

52 Ruhe

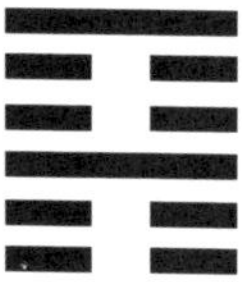

Gen: Der Berg

Gen: Der Berg

RUHE braucht kein Ziel. RUHE ist das Ziel. Sie ist Stille zwischen Bewegung und ständig wechselnden Bildern. Ruhe ist erforderlich für Herz und Geist.

Wenn du das Zeichen Ruhe erhältst, gibt das erhabene I Ging der Ruhe ihren gleichberechtigten Platz neben der Bewegung. Es schließt damit an die vielen verschiedenen Yoga- und Meditations-Praktiken an, die empfehlen, in einer bewußten aufrechten Haltung körperlich zur Ruhe zu kommen. In einem ruhigen Körper wohnt ein ruhiger Geist. Allein über dieses Zeichen nachzudenken, das den Berg in seiner majestätischen Gelassenheit symbolisiert, wird dich in eine relaxte Haltung bringen. Die ist jetzt notwendig.

Das Bild

Die Erhabenheit eines gewaltigen Gebirges und die Unbezwingbarkeit der Berge läßt dich still werden. Verinnerliche dieses Bild und spüre, wie dünn die Luft erscheint und wie wenig du hier gebraucht wirst. Du kannst aufatmen, weil diese Berge ohne dich auskommen und du nichts tun mußt, um deren Existenz zu bestätigen. Du wirst leicht wie eine Feder, schwebst absichtslos durch dein Leben und findest tiefe Erholung.

Liebe, Glück, Erfolg

LIEBE 愛

Eine herzenstiefe Empfindung für einen geliebten und bewunderten Menschen mußt du disziplinieren. Große Verwicklungen würden dir letztlich schaden. Dein Gefühl darfst du behalten, aber deine Äußerungen sollten besser unter die totale Kontrolle des Verstands.

GLÜCK 福

Nur in dir selbst findest du alles, was du benötigst, um glücklich zu sein. Hier ist der zentrale Kern deines Wesens. Und wenn dieser in Ordnung ist, findest du immer zu deinem Gleichmaß aller Dinge. Hier ändert sich nichts, und hier bist du zu Hause.

ERFOLG 富

Zwischen wilden Hoffnungen, spontanen Aktionen und einem ruhigen Geist klaffen leider Welten. Ohne diese innere Oase wirst du in Kürze etliche Fehler machen. Daher investiere deine Zeit hier und jetzt in Meditation oder andere Entspannungstechniken.

Die Hinweise in den beweglichen Linien

Sechs als erste Linie bedeutet: Du stehst noch am Anfang, und es ist außerordentlich klug von dir, dich der Fähigkeit zur inneren Ruhe zu vergewissern. Denn du kannst deine ursprüngliche Wahrheit noch überblicken. Große Verwicklungen und andere Versuchungen sind so fern wie der Mond.

Sechs als zweite Linie bedeutet: Du bist sehr fasziniert von einer umwerfenden Person und würdest alles tun, um Kontakt zu ihr zu bekommen. Nur kannst du diese nicht oder nur teilweise erreichen, und es wäre besser, du bringst dich in Sicherheit. Und dein Herz. Denn diese Person geht einen Weg, der nur für sie bestimmt ist, und bringt dich längerfristig aus dem Gleichgewicht.

Neun als dritte Linie bedeutet: Du bist zu tief in einer emotionalen Verwicklung gefangen, und es ist dir nicht möglich, dein aufgeregtes Herz zu beruhigen. Du kannst die ersehnte Ruhe, die du dringend brauchst, nicht erzwingen, sondern sie dir nur wünschen. Es kann dauern, bis sich die Ruhe bei dir einstellt.

Sechs als vierte Linie bedeutet: Du beherrschst bereits einen großen Teil deiner Gedanken und Emotionen und findest auch zu der gewünschten ruhigen Haltung des Körpers. Aber noch ist das Ideal nicht erreicht, das alles von sich weist: Zweifel, Egoismus, Unruhe.

Sechs als fünfte Linie bedeutet: Du erhältst einen Hinweis, mehr nachzudenken, bevor du dich äußerst. Auch in dem, was du nur dir gegenüber benennst. Offenbar bist du aber dazu gut in der Lage. Nur wenn du dies beachtest, vermeidest du Fehler.

Neun als sechste Linie bedeutet: Du spürst Resignation und läßt sie auch zu. Das ist gut. **Du entschließt dich zu einer absichtslosen Haltung.** So kann es langsam wirklich besser werden. **Du erreichst das Ziel wahrer Meditation – ein großer Gewinn.**

53 Wachstum

SUN: DER WIND, DAS HOLZ

GEN: DER BERG

WACHSTUM folgt feststehenden Gesetzen. Die Vorbedingungen müssen erfüllt sein, damit WACHSTUM möglich wird. Dazu gehören Geduld und Ausdauer.

Wenn du das Zeichen Wachstum erhältst, ist das sehr gut für dich, wenn du ein wichtiges Ziel verfolgst oder eine wichtige Verbindung knüpfen möchtest. Da alle Begleitumstände abgesichert und analysiert werden müssen, geht es langsam voran. Deshalb ist es wichtig, daß du einen langen Atem hast und auf der Basis großer innerer Ruhe stark bleibst.

Das Bild

Einen Berg auf einem langen Weg zu besteigen, ist eine Sache. Dort einen Baum zu betrachten und dessen langen Weg wahrzunehmen eine andere. Doch hier liegen zwei gleiche Wege vor. Der Baum wirkt auf dem Berg wesentlich unabsichtlicher als du selbst, der du eilig die nächste Richtung wählen möchtest.
Ist dein Wunsch so unabsichtlich wie der Baum auf dem Berg entstanden, so wird er in absehbaren Zeiten erfüllt sein. Wenn du aber in der Tiefebene den Blick nach oben richtest, kannst du Vögel wie die Wildgänse sehen, die weit über den Berg hinaus fliegen und ihrem Instinkt folgen. So auch du.

Liebe, Glück, Erfolg

LIEBE 愛

Die Umstände sind günstig für die Entwicklung guter, langfristiger Beziehungen. Doch auch unter diesen Bedingungen werden die normalen Stadien des näheren Kennenlernens durchlaufen und erfordern Schritt für Schritt Geduld und Bereitschaft zur Zurücknahme.

GLÜCK 福

Du siehst dich wieder in einer ganz positiven Epoche deines Lebens und kannst aufatmen. Doch noch ist es nicht so, daß du alle Viere von dir strecken darfst. Immer noch kann da und dort eine hemmende Kraft verborgen sein.

Langsam ist wieder Land in Sicht. Es geht vorwärts, wenn auch mitunter sehr viel langsamer, als du es dir wünschst. Du gehst gut mit deiner Energie um, das ist die Voraussetzung zu Besserem. Kalkuliere Risiken richtig ein und mache deine Schritte behutsam.

Die Hinweise in den beweglichen Linien

Sechs als erste Linie bedeutet: Der Weg ist erst unlängst beschritten worden, und alles ist neu. Jeder Anfänger fürchtet, von anderen belächelt zu werden. Diese Erfahrung machen auch andere. Es geht weiter.

Sechs als zweite Linie bedeutet: **Du hast dich schon fast an eine neue, bessere Situation gewöhnt und spürst, daß du weiterkommst.** Du bist ruhig und entspannt, auch wenn du noch nicht ganz angekommen bist.

Neun als dritte Linie bedeutet: Die Gefahr, daß etwas fehlschlägt, ist sehr groß. Überprüfe unbedingt den Weg, den du eingeschlagen hast, und welche Konsequenzen er für andere hat. Es kann sein, daß du für Ort, Personen oder Projekte zu viel Energien läßt. Oder du konzentrierst dich zu sehr auf etwas und vernachlässigst andere Bereiche deines Lebens. Du könntest ungeschützt sein und mußt dich wappnen.

Sechs als vierte Linie bedeutet: Du hast die Chance, auszuruhen, auch wenn es nur für eine kurze Zeit ist. Du brauchst einen Platz, der dir in seiner ganzen Art entspricht. Sieh dich unentwegt um, um deine Richtung zu bestimmen.

Neun als fünfte Linie bedeutet: **Du erlebst eine ermüdende Zeit, in der alles falsch verstanden wird**, du die wichtigen Personen nicht triffst und deine Pläne dich erschöpfen. Aber am Ende geht es doch noch gut, und die Schwierigkeiten lassen nach.

Neun als sechste Linie bedeutet: Eine lange Zeit von Bemühungen nähert sich dem Ende, und es hat – ohne daß du dies beabsichtigt hast – eine Transformation stattgefunden. Du hast deinen Weg gefunden, der sich sehr positiv für dich auswirken wird. Du erreichst ein völlig neues und erheblich höheres Niveau.

54 Zweiter Platz

DSCHEN: DER DONNER

DUI: DER SEE

ZWEITER PLATZ entmutigt. Der erste Platz kann nicht eingenommen werden. Eine Nebenrolle wird angeboten, die akzeptiert werden kann oder nicht. Es kann nichts unternommen werden, um einen besseren Platz zu erhalten.

Wenn du das Zeichen ZWEITER PLATZ erhältst, diktieren dir die Umstände in vieler Hinsicht Unterordnung. Da sich dieses Zeichen im Originaltext des I GING auf die Rolle einer Nebenfrau bezieht, trägt es hier die Bezeichnung ZWEITER PLATZ. Es gibt viele ungeschriebene Gesetze, die eine Gesellschaft über lange Zeit entwickelt hat und die du kennen mußt, um nichts falsch zu machen. Daher kann es sein, daß du dich vorsichtig in eine gegebene Konstellation einfügen mußt, wenn dir deine Pläne wichtig sind.

Das Bild

Selbst der kühlste und ruhigste See läßt sich vom Donner und seinen Vibrationen anrühren, und leise Wellen rollen über die ansonsten glatte Oberfläche. Diese Bewegung ist abhängig von der Präsenz des Donners. Wenn dieser nicht mehr zu hören ist, wird der See wieder still und ruhig. So ähnlich verhält es sich auch in menschlichen Beziehungen. Die gegenseitige Wirkung kann nicht immer in eine lang währende Gemeinschaft eingebracht werden. Das Ende ist bereits vor Beginn absehbar.

Liebe, Glück, Erfolg

愛 LIEBE

Du könntest in eine emotionale Verbindung einsteigen, aber du wärst nicht die Hauptperson. Es kann sein, daß (zu) viel von dir verlangt wird und alles letztlich im Nirgendwo endet. Ob du das willst?

福 GLÜCK

Du festigst einen relativ sicheren Stand, und doch bist du weniger angesagt, als es berechtigt wäre. Manchmal findet man nur so für eine Weile einen sicheren Platz. Es erfordert Persönlichkeit, solch komplizierten Platz zu halten (ohne sich anzubiedern).

富 ERFOLG

Im Moment sind alle Rollen verteilt. Arbeite lieber mehr innerlich an einem Konzept, denn natürlich wandeln sich die Zeiten wieder. Es ist eine gute Zeit, um Humor und Lebensphilosophie gedeihen zu lassen.

Die Hinweise in den beweglichen Linien

Neun als erste Linie bedeutet: Wenn du willst, kannst du ein Angebot annehmen. Dabei wird vorausgesetzt, daß du in der zweiten Reihe bleibst und dich sehr diplomatisch verhältst. Überlege, ob du das willst und schaffst.

Neun als zweite Linie bedeutet: Du behauptest dich, obwohl dir ein zuverlässiger Partner fehlt. Dir gelingt es, dich selbst zu finden, indem du an den Eigenschaften arbeitest, die dir fehlen. Dennoch bleibt ein starkes Gefühl von Einsamkeit und Verlorenheit.

Sechs als dritte Linie bedeutet: Deine Wünsche lassen sich in der jetzigen Form nicht erfüllen. Du kannst eine Rolle einnehmen, die sehr viel Selbstverleugnung bedarf. Überdenke deine Wünsche gründlich. Vielleicht lassen sie sich längerfristig ändern.

Neun als vierte Linie bedeutet: Die Erkenntnis deiner wirklichen Wünsche verbindet sich mit deiner Entschlossenheit, darauf zu warten und jetzt keine Kompromisse einzugehen. Warte ab.

Sechs als fünfte Linie bedeutet: Vielleicht bist du qualifizierter oder talentierter als jemand, der dir übergeordnet ist. Oder der sich selbst eine Autorität beimißt, die er selten besitzt. **Es geht dir am besten, wenn du das Ganze mit ebenso viel Charme wie Anpassungsfähigkeit angehst.**

Sechs als sechste Linie bedeutet: Es gibt zwar Verbindungen, die sich ausbauen ließen, nur werden sie nie das sein, was du dir wünschst oder vorstellst. Möglicherweise verläuft auch eine begonnene Verbindung einfach so – ohne große Erklärung – im Sand.

55 Üppigkeit

DSCHEN: DER DONNER

LI: DAS FEUER

ÜPPIGKEIT füllt allen Raum. Sie ist erreichbar wie der höchste Sonnenstand, aber nicht zu steigern oder zu halten. Vieles gelingt.

Wenn du das Zeichen Üppigkeit erhältst, erkennst du möglicherweise nur für einen kurzen Augenblick, welche Strukturen hinter einem glanzvollen Ergebnis stehen. Dieses kann eine kreative oder eine kulturelle Leistung sein, die für die Öffentlichkeit sichtbar wird. Sowie ein solcher Höhepunkt erreicht ist, ist er bereits Vergangenheit. Der Ursprung dieses Zeichens wird dabei auf einen Menschen zurückgeführt, der den Alltag hinter sich lassen kann und wie die Sonne strahlt.

Das Bild

Wenn hoch oben der Donner zu hören ist und der Blitz die Erde erreicht, demonstriert die Natur ihre große Macht. So funktionieren auch die Machtapparate der menschlichen Gesellschaft. Wenn ihre Räderwerke laufen, kannst du sie nur genau beobachten und dabei deine Klugheit einsetzen, um deinen Platz zu finden und zu erreichen.

Liebe, Glück, Erfolg

愛 LIEBE

Du bist voll von einem Menschen, seiner Ausstrahlung und seiner Stärke. Genieße diese Zeit der Dichte. In so hohem Maß einverstanden zu sein, währt nicht ewig. Denn alles wandelt sich.

福 GLÜCK

Du erkennst mit Freude, wieviel Energie dir zur Verfügung steht. Diese Energien solltest du jetzt etwas schonen. Du kannst eventuell nur mit einem oder mehreren anderen derzeit einiges verändern.

富 ERFOLG

Viele Chancen sind aufgereiht wie auf einer Perlenkette. Das heißt, diese Chancen lassen sich nur unter bestimmten, durchaus schwierigen Bedingungen verwirklichen und einzeln betrachten. Vermutlich bekommst du Unterstützung. Sei wachsam.

Die Hinweise in den beweglichen Linien

Neun als erste Linie bedeutet: Es wäre sehr gut, mit einer bestimmten Person zusammenzutreffen und gemeinsam sehr viel zu erreichen. Auch wenn dies nur für einen überschaubaren Zeitraum der Fall ist. Dabei verfügt idealerweise einer über intellektuelle Klarheit und der andere über viel Energie.

Sechs als zweite Linie bedeutet: Über dir ist eine sehr finstere und machtvolle Wolke, die mit Mißverständnissen und Intrigen genährt sein kann und die es unmöglich macht, jemanden deutlich zu erkennen. Auch du gehst darin unter. Deshalb gibt es keine Möglichkeit, direkt auf eine maßgebende Person zuzugehen. Nur innere Sammlung und Konzentration bringen dich weiter.

Neun als dritte Linie bedeutet: Du könntest genau die Person sein, auf die es jetzt ankommt. Aber die mächtigen egoistischen Bestrebungen anderer werden dies nicht zulassen. Es könnte sich auch um eine andere für dich wichtige Person handeln, der es so ergeht.

Neun als vierte Linie bedeutet: Zwischen deinen Anliegen, maßgebenden Personen und dir herrscht dichte Dunkelheit. Doch ganz langsam lichtet sich die Finsternis, und es wäre segensreich, jetzt in Kontakt zu einer dich ergänzenden Person zu treten. Finde sie. Du hast die Chance, wenn du deinen Willen stärken kannst.

Sechs als fünfte Linie bedeutet: **Eine glückliche Wendung führt zu einer Öffnung in einer dir wichtigen Angelegenheit. Es geht gut aus, wenn du offen für den Rat anderer bleibst.**

Sechs als sechste Linie bedeutet: Du bist außerordentlich fixiert auf etwas, das dich beherrscht. Dadurch verlierst du möglicherweise Menschen, die dir am Herzen liegen, oder du vernachlässigst sie. Diese Bereiche mußt du herausfinden und dich darauf konzentrieren.

56 Unterwegs

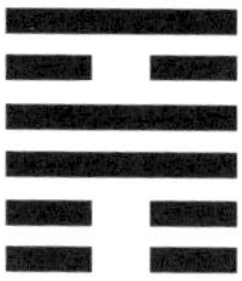

Li: Das Feuer

Gen: Der Berg

UNTERWEGS zu sein, erfordert umsichtiges Verhalten. Jedes Detail ist von Bedeutung und Wert. Ausdauer zahlt sich aus. Große Vorsicht ist bedeutend.

Wenn du das Zeichen Unterwegs erhältst, ist dies ein deutlicher Hinweis auf einen Aufbruch, eine neue unbekannte Situation oder einen neuen Wirkungskreis. Du verfügst in dieser Situation über keine großen Erfahrungen. Es kommt sehr auf dein Geschick an, wie du dich mit Menschen, die du triffst, und Herausforderungen, die sich dir stellen, arrangierst. Du trägst das, was dich ernährt und erhält, beständig bei dir und darfst keines dieser Elemente aus den Augen verlieren.

Das Bild

Hoch oben auf dem Berg leuchtet hell das Feuer. Gestrüpp und Gras werden abgebrannt. Das Feuer versorgt sich selbst, indem es immer neue Nahrung findet. Es breitet sich dabei schnell aus und wandert. So verhält es sich auch mit einer gelegten Lunte. Allerdings könnte es auch eine Warnung sein. Denn ein glimmendes Feuer kann eine ständige Gefahr sein, in der man sich nicht aufhalten sollte.

Liebe, Glück, Erfolg

LIEBE 愛

Du bist dir unsicher über eine Person, die du äußerst sympathisch findest. Nicht unbegründet, denn dieser Mensch wird sich voraussichtlich verabschieden. Er muß seinem eigenen Weg folgen. Es könnte auch sein, daß du eine neue Richtung einschlägst.

GLÜCK 福

Du erhältst vielleicht ein Angebot und kannst dich in einem neuen Gebiet bewähren. Es ist allerdings ratsam, nicht zu früh übermütig zu werden. Es kann sein, daß du umziehen wirst. Ob du das Ziel erreichst, hängt von dir ab.

ERFOLG 富

Wer sich in einer neuen oder fremden Umgebung klug, freundlich und zuvorkommend verhält, kann jetzt gewinnen. Wer sich zu früh über seine Position freut und sich möglicherweise grundlos über andere stellt, kann verlieren.

Die Hinweise in den beweglichen Linien

Sechs als erste Linie bedeutet: Offenbar wird von dir mehr Ernsthaftigkeit verlangt, und du verkennst die Lage. Überprüfe deshalb alle deine Handlungen der letzten Zeit und die, die du gerade startest. Ebenso solltest du dir alle deine Kontakte genauer ansehen und wie du mit ihnen umgehst.

Sechs als zweite Linie bedeutet: Du verhältst dich richtig und wirst gefördert. Du findest einen Ruhepunkt. Außerdem könnte sich eine Verbindung als tragfähig erweisen. Bleibe achtsam.

Neun als dritte Linie bedeutet: Irgend etwas hast du grundlegend falsch angefangen. Jemand, der anfangs von dir begeistert war, wendet sich wieder ab. Paß auf, was du tust, und ändere möglichst, was du als falsch erkannt hast.

Neun als vierte Linie bedeutet: Du bist noch lange nicht in Sicherheit, und das spürst du, obwohl sich deine Situation zunächst entspannt hat. All das könnte dich stark belasten, und deshalb ist es gut, dein Ziel nicht aus dem Auge zu verlieren.

Sechs als fünfte Linie bedeutet: **Du hast die Chance und die Fähigkeit, einen so guten ersten Eindruck zu hinterlassen, daß sich dein weiterer Weg sehr positiv gestalten kann.** Dies könnte eine sehr interessante neue Aufgabe, ein attraktiver Job oder etwas Ähnliches sein, das du angestrebt hast.

Neun als sechste Linie bedeutet: Manchmal mußt du dich einfach fügen oder anpassen, um nicht zu dominant zu erscheinen. Solange du die Menschen, mit denen du zu tun hast, nicht genau einschätzen kannst, wäre es besser, vorsichtiger zu sein.

57 Wind

SUN: DER WIND, DAS HOLZ

SUN: DER WIND, DAS HOLZ

WIND entspricht der Sanftheit, und durch diese Eigenschaft hat er eine besondere Wirkung. Der Wind folgt unbekümmert seiner Richtung und erreicht sein Ziel.

Wenn du das Zeichen WIND erhältst, sind Ursache und Wirkung nur sehr vage zu spüren, und nichts ist genau zu benennen, zu sehen oder zu hören. Du könntest dich in großer Unklarheit befinden und orientierst dich anhand deiner Intuition. Zudem könnte eine wichtige Person das

Geschehen beeinflussen und möglicherweise das Unklare vertreiben. Dabei beruht die Wirkung immer wieder auf der stetigen Sanftheit und der gleichbleibenden Richtung.

Das Bild

Die weichen und warmen Winde dominieren die sinnlichen Eindrücke, die von einer Landschaft ausgehen. Sie wehen unaufhörlich, und ihre Beharrlichkeit wird durch ihre Langsamkeit noch verstärkt. Auf diese Weise wirkt die Zeit fast unsichtbar. So könnte es auch dir ergehen, und du änderst deine Strategie vom starken Auftritt zur sanften Beeinflussung, wann immer dir dies möglich ist.

Liebe, Glück, Erfolg

Hier ein Lächeln, da ein Wort, dort eine Geste. Es ist angenehm, mit zarten Andeutungen zu leben. Sie beflügeln und heben die Stimmung. Mehr solltest du derzeit nicht erwarten. Doch diese Schwingungen können länger und weiter tragen, als du jetzt erwarten kannst.

Du spürst dich positiv erkannt, und das erfreut dich zutiefst. Du selbst übst auf andere Menschen einen guten Einfluß aus. Gelegentlich triffst du auf gute Chancen, die du nicht übersehen solltest.

Du begreifst gerade, daß du die Zeitläufe klarer erfassen mußt und wohin sie möglicherweise führen. Am besten wäre es, du schließt alte Bemühungen ab und beginnst etwas Neues. Du brauchst dazu mehr Tatkraft.

Die Hinweise in den beweglichen Linien

Sechs als erste Linie bedeutet: Du gehst mal mutig vor und dann wieder verzagt zurück und bist alles in allem nicht sicher, was du willst. Das solltest du herausfinden und dann das erkannte Ziel weiterverfolgen.

Neun als zweite Linie bedeutet: Du gibst dich sonderbaren Erwägungen hin, die seltsame Feindbilder in dir entstehen lassen. Außerdem überlegst du, wie du diese dann vernichten kannst. Wenn du entschlossen bist, dich endlich zu deiner eigentlichen Größe zu bekennen und andere außer acht zu lassen, wird dies aufhören.

Neun als dritte Linie bedeutet: Du bist im Stillen beschämt, daß es dir nicht gelingt, dich in einer bestimmten Angelegenheit zu entschließen. Dadurch ist die Wirkung deines Handlungsspielraums sehr klein.

Sechs als vierte Linie bedeutet: Du kannst einen richtig großen Erfolg erzielen, weil du pragmatisch bist, etwas anzubieten hast und eine Lücke füllst. Das heißt, du erfüllst die Ansprüche des Alltags und bist damit gefragt. Erweitere deine Pläne mit Sorgfalt, und du hast Erfolg.

Neun als fünfte Linie bedeutet: **Ein dir wichtiges Projekt könnte nun so verändert werden, daß es vorankommt.** Allerdings brauchst du dafür Energie und Zeit. Überlege dir alles genau, bevor du beginnst. Nachdem du diese Arbeit geleistet hast, laß alles auf dich wirken.

Neun als sechste Linie bedeutet: Du hast auf langwierige Weise herausgefunden, wer oder was dir geschadet oder dich behindert hat. Leider könnte dir dabei die Kraft ausgegangen sein, darunter einen Strich zu ziehen. Bemühe dich unverzüglich darum, ein leidiges Thema abzuschließen.

58 See

DUI: DER SEE

DUI: DER SEE

Der SEE verkörpert ein heiteres und belebendes Element. Deswegen geht mit Ausdauer und Harmonie alles gut.

Wenn du das Zeichen SEE erhältst, erfährst du viel über das Wesen der wahren Freude. Im Inneren bewirkt sie eine starke Festigkeit und wurzelt auch darin; nach außen erscheint sie als ein überwältigendes Lächeln, das die Herzen gewinnt. Alles kann sich jetzt verbessern. Die Freude beruht auf ausgeglichenen Wechselwirkungen von Innen- und Außenwelt.

Das Bild

Zwei Seen liegen nahe beieinander und sind miteinander verbunden. Die Eigenschaft des Wassers zu verdunsten könnte eine Abnahme des Sees nahelegen. Doch hier bereichern sich beide Seen durch ihre unterirdischen Verzweigungen. Du spürst die Schönheit, die im Austausch von Gedanken, Wissen oder Wahrnehmungen liegt, und fühlst dich nicht allein gelassen.

Liebe, Glück, Erfolg

Eine tiefe Anziehung kann nicht immer rational erklärt werden. Solche Begegnungen zeigen dir, daß es immer wieder neue Menschen gibt, die dich begleiten, dich ein wenig widerspiegeln und dir Kraft geben.

福 GLÜCK

Wenn du derzeit wenig von außen erwartest, sondern dich auf dich selbst besinnst – deine vielen Fähigkeiten und deine menschlichen Stärken–, kannst du besser Nein sagen: zu Situationen oder Menschen, mit denen du nicht harmonierst.

富 ERFOLG

Nur wenn du dich auf deine Ziele konzentrierst und Ablenkungen aller Art ignorierst, folgst du den Gesetzen der Zeit. Unzufrieden und besorgt zu sein, bringt dich nicht weiter. Finde heraus, womit du einverstanden bist.

Die Hinweise in den beweglichen Linien

Neun als erste Linie bedeutet: Die zutiefst erholsame und gerade jetzt notwendige Heiterkeit stellt sich ein, wenn du bereit bist, deine Freude nicht weiter von äußeren Ereignissen abhängig zu machen, sondern einfach eine Weile ganz bei dir selbst bleibst.

Neun als zweite Linie bedeutet: **Wenn du dir deine Freude bewahren willst, dann laß dich nicht auf ein tieferes Niveau ziehen. Das kann alle Bereiche deines Lebens betreffen. Freude kommt jetzt nicht von außen, sondern nur aus dir selbst.**

Sechs als dritte Linie bedeutet: Du fühlst dich entleert und frustriert und wünschst dir einen Kick von außen. Du könntest in Gefahr sein, dein eigenes Wesen zu vernachlässigen, um dich durch flüchtige Erlebnisse abzulenken.

Neun als vierte Linie bedeutet: Du stellst fest, daß dich deine unaufhörliche Suche nach Wunscherfüllung noch unzufriedener werden läßt, und du fängst an zu überlegen, ob du nicht besser eine andere Wahl triffst. Wenn du dich dazu entschieden hast, wird es dir bessergehen.

Neun als fünfte Linie bedeutet: **Du solltest weniger engagiert in eine fruchtlose Diskussion einsteigen.** Du spürst, daß dies dich von deinen Zielen ablenkt und dir Kraft entzieht. Eine Andeutung von Gefahr liegt in der Luft.

Sechs als sechste Linie bedeutet: Du kannst dich innerlich nicht zu einem festen Punkt aufraffen und bist deshalb abhängig geworden von all den zufälligen Angeboten des Tages. Das macht dich zutiefst unruhig, und du solltest alle Willenskraft darauf verwenden, dein inneres Zentrum zu erreichen.

59 Erleichterung

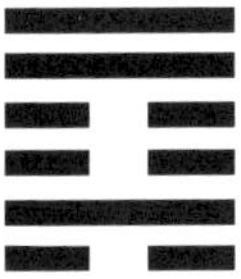

SUN: DER WIND

KAN: DAS WASSER

ERLEICHTERUNG erlöst von übergroßer Anspannung. Auf zentralem Platz wirkt eine verdiente Persönlichkeit. Unternehmen können beginnen.

Wenn du das Zeichen ERLEICHTERUNG erhältst, könntest du in eine recht intensive Zeit geschickt werden. Diese kann vor allem von tiefem, inneren Erleben geprägt sein. Jetzt geht es wieder um deine Ziele, und das erhabene I GING sagt dir, daß du einmal etwas wirklich Großes wagen sollst und deine Angelegenheiten mit Entschiedenheit vorantreiben kannst. Werden rein egoistische Motive aufgegeben, stellt sich ERLEICHTERUNG ein. Offenheit und große Gefühle wirken einigend.

Das Bild

Der Wind bewegt etwas und ist doch unsichtbar. Die Bewegung ist tief spürbar, und alles Starre und Eingefahrene weicht. Der Einfluß ist sehr stark, weil Emotionen berührt werden und endlich Ausdruck finden. Als Jahreszeit ist es der Frühling, der die Menschen an die Wiederkehr von Beginn und Hoffnungen erinnert und sie weich und empfänglich stimmt.

Liebe, Glück, Erfolg

愛 LIEBE

Jetzt kannst du belastende Probleme angehen. Dabei gehen die betreffenden Personen auf dich zu. Der Lösungspunkt liegt in einem gemeinsamen Ideal oder einem Traum, der euch verbindet.

福 GLÜCK

Das Zurückkehren der Kraft spürst du seelisch und körperlich. Berufe dich auf das, was dir immer wichtig war, und auf das, was nicht nur dich trägt, sondern auch die Gemeinschaft, zu der du gehörst.

富 ERFOLG

Ein größeres Projekt kann gelingen, wenn mehrere sich einem gemeinsamen schönen Ziel unterordnen können. Dazu gehört der ein oder andere Verzicht und der gemeinsame Wille. Solltest du eine Bruchstelle entdecken, dann markiere und meide sie.

Die Hinweise in den beweglichen Linien

Sechs als erste Linie bedeutet: Alles, was dich zur Zeit beschäftigt, steht noch am Anfang, und deshalb können sich abzeichnende Probleme besprochen und aus dem Weg geräumt werden. Tragfähige Bedingungen entstehen, wenn Mißverständnissen die Grundlage entzogen wird.

Neun als zweite Linie bedeutet: Nutze deine Fähigkeit, dich von unguten Projektionen zu lösen, wenn du spürst, daß du keinen offenen und unbefangenen Blick mehr hast. Dies kann Personen oder Ereignisse betreffen. Finde zu dir zurück.

Sechs als dritte Linie bedeutet: Du mußt dich sehr ins Zeug legen und deine eigenen Wünsche zur Seite schieben. Das gelingt dir, weil du erkennst, daß du dich für eine wirklich gute Sache engagierst.

Sechs als vierte Linie bedeutet: Wenn du dich zwischen privaten Beziehungen und einer wichtigen Aufgabe entscheiden mußt, kann es sein, daß du dich für deine Arbeit oder etwas anderes Wichtiges aussprechen mußt. Du solltest dir aber deiner Sache sicher sein.

Neun als fünfte Linie bedeutet: **Eine große und neue Idee könnte genau das sein, was jetzt einige Barrieren aus dem Weg räumen könnte.** Jetzt müssen alle Mißverständnisse aufgeklärt werden. Wenn das gelingt, wird es sich wie eine große Befreiung anfühlen.

Neun als sechste Linie bedeutet: Du bist unter allen Umständen gefordert, eine Situation, die andere oder dich gefährdet, zu einem Ende zu bringen. Versuche einen Ausweg zu finden. Nutze deinen Verstand und deine Intuition.

60 Begrenzung

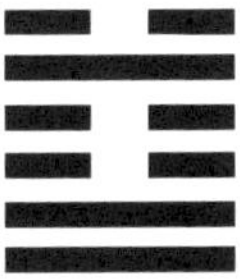

KAN: DAS WASSER

DUI: DER SEE

BEGRENZUNG dämmt das Zuviel ein. Zu viele Begrenzungen schaden dem Menschen. Schwieriges gelingt durch Akzeptanz und Geduld.

Wenn du das Zeichen BEGRENZUNG erhältst, ahnst du, daß es wieder um eine Lektion geht, die dir das erhabene I GING erteilt. Doch erhältst du hier wie immer auch eine sehr gute Orientierung, wie viel Beschränkungen derzeit gut für dich sind. Denn es geht nicht nur um gutgemeinte Ratschläge, sondern auch um deine Verfassung und deine Erholung, damit du weiter kraftvoll und voll Freude bleiben kannst.

Das Bild

Ein See stellt für den Menschen ein Sinnbild der Ruhe und des Gleichmaßes dar. Doch hier fließt mehr Wasser in den See, als seiner Natur gemäß ist. Sein unnachahmlicher Charakter droht verlorenzugehen, da seine Grenzen verschwimmen. Das erhabene I GING zieht hier den richtigen Vergleich mit einem Übermaß an Möglichkeiten, die sich einem Individuum bieten. Es soll sich resolut entscheiden und sich frei für etwas verpflichten.

Liebe, Glück, Erfolg

愛 LIEBE

Deine Gefühle drohen durchzugehen wie ein bockiges Pferd. Halte mal die Zügel etwas straffer und beruhige dein Herz. Auch ohne ständig alles zu wollen, bekommst du das zur Zeit Mögliche.

福 GLÜCK

Deine Chancen stehen jetzt gut, deine Wünsche in einem erfüllbaren Stadium zu halten. Mit genügend Abstand zu allem siehst du, daß sich alles gut entwickelt. Du kannst jetzt neue Kontakte aufnehmen, wenn du dich auf den Weg machst.

富 ERFOLG

Mit viel Selbstdisziplin erreichst du, was du dir vorgenommen hast. Verlange derzeit nicht zuviel, sondern arrangiere dich mit dem, was ist. Das ist eine Strategie, die immer gültig ist, aber jetzt besonders.

Die Hinweise in den beweglichen Linien

Neun als erste Linie bedeutet: Du willst gerne ein bestimmtes Ziel erreichen, doch überall bauen sich Hindernisse auf. Dies kannst du auch nutzen, um in dieser Zeit besonders große Power aufzubauen. Dabei ist es wichtig, daß du über deine Ziele schweigst und dich zurückziehst.

Neun als zweite Linie bedeutet: Jetzt ist es Zeit, aktiv zu werden und nach außen zu gehen. Treffe neue Menschen an neuen Orten. Beseitige die Hindernisse, die vielleicht in dir selber sind, sage ja – und handle.

Sechs als dritte Linie bedeutet: Du bist aufgefordert, dir mehr Grenzen zu setzen. Im Moment neigst du eher zu Lockerungen, die du dir nicht erlauben kannst. Ringe dich zu mehr Selbstdisziplin durch. Dann brauchst du auch keine Konsequenzen zu befürchten.

Sechs als vierte Linie bedeutet: Achte jetzt darauf, daß dich deine Selbstdisziplin auch zum Erfolg führt. Überprüfe noch einmal deine Schritte, und ob du die richtige Startbahn gewählt hast. Wenn alles stimmt, kannst du gewinnen.

Neun als fünfte Linie bedeutet: Du hast große Anforderungen an dich gestellt, die du nicht sofort an andere weitergegeben hast. **Du wirkst wie ein Vorbild und bekommst die Unterstützung, die du dir gewünscht hast.**

Sechs als sechste Linie bedeutet: Du hast dir mehr aufgeladen, als du ursprünglich dachtest. Das ist schlecht für dich und deine Gesundheit, denn du bist eben auch nur ein Mensch. Achte darauf, daß es bei diesem Kraftakt bleibt. Wenn es nicht anders geht, mußt du ihn mit Willenskraft durchstehen. Achte auch darauf, solche Kraftakte zu beenden.

61 Innerer Spiegel

Sun: Der Wind, Das Holz

Dui: Der See

Die Außenwelt findet sich wie ein Bild im INNEREN SPIEGEL wieder. Hier entschlüsselt sich Wahrheit. Wer dies erkennen kann, hat große Macht und kann mit Ausdauer auch schwierige Unternehmungen beginnen.

Wenn du das Zeichen Innerer Spiegel erhältst, zeigt dir der originale Text des erhabenen I Ging die Idee eines Bildes: ein Vogelfuß über einem Jungen – oder einem Ei? Es wird etwas ausgebrütet, und es gibt ein unsichtbares und ein sichtbares Element. Darum rankt sich die mysteriöse Aussage des gesamten Zeichens. Der unsichtbaren Kommunikation wird eine große Bedeutung gegeben. Wie jeder gute Psychologe es tun würde, wenn er die feinen, unsichtbaren Signale seines Gesprächspartners analysiert. Hier bist du dein eigener Psychologe.

Das Bild

Leicht weht der Wind über den glatten See, aber er baut einen feinen Widerstand auf, so daß das Wasser sich bewegt und leise kräuselt. Dies ist ein Geschehen, das seine Entsprechung im menschlichen Umgang findet: Es bietet sich eine Chance, in einen zunächst unzugänglichen Sachverhalt einzudringen und diesen ganz und gar zu verstehen, um abschließend zu einem Urteil zu kommen.

Liebe, Glück, Erfolg

Ein unsichtbares Band verknüpft dich mit einem anderen Menschen auf sehr intensive Weise. Dies kann vorübergehend sein, aber es ist bedeutsam für deine weitere innere Entwicklung und die des Menschen, über den du nachdenkst.

Du fühlst dich vielleicht regelrecht beschwingt oder angenehm beunruhigt. Weil du spürst, daß sich derzeit recht viel entscheidet, ohne daß du sehr viel dazu beitragen kannst.

Einiges bahnt sich an, ohne daß du es real greifen kannst. Du kannst nicht zupacken, du siehst keine Ergebnisse, und doch spürst du eine massive Entwicklung, die dich auf ihre Bahn ziehen wird. Erwarte nicht zuviel, und du kannst mit kleinen Siegen rechnen.

Die Hinweise in den beweglichen Linien

Neun als erste Linie bedeutet: Du wirst auf deine innere Standfestigkeit hingewiesen; in diesem Fall darauf, ob du deine inneren Bilder, den inneren Spiegel (deiner Außenwelt) kennst. Unpassende Hintergedanken können heimliche Absichten betreffen oder Beziehungen, auf die du dich verläßt. Du kannst dich jetzt aber nur deiner eigenen Kraft vergewissern.

Neun als zweite Linie bedeutet: Menschen, die wesensverwandt sind, erkennen sich meist sofort und können schnell in einen intensiven Gedankenaustausch eintauchen. Auch die feinsten Signale werden erkannt. Das kann eine sehr belebende Erfahrung sein. Doch wird hier auch gesagt, daß eine intensive Kommunikation beide Möglichkeiten impliziert, nämlich völlig verstanden oder zurückgewiesen zu werden.

Sechs als dritte Linie bedeutet: Du könntest dich in eine tiefe emotionale Bindung begeben haben, sehr verliebt sein und dein ganzes Glück an die Erwiderung deiner Gefühle hängen. Deswegen bist du nicht mehr von jener gleichmäßigen Ruhe erfüllt, die nichts außerhalb von sich selbst braucht.

Sechs als vierte Linie bedeutet: Dein Wunsch, Gehör zu finden, akzeptiert zu werden oder einen Durchbruch zu erreichen, kann seine ganze Kraft nur entfalten, wenn du nicht mehr über andere nachdenkst und dich darüber in lange Überlegungen stürzt. Wenn du dir das bewußt machst und dich mit einer Bitte um Unterstützung an dein Selbst richtest, machst du dich unabhängiger von Konditionen, die du nicht beeinflussen kannst.

Neun als fünfte Linie bedeutet: **Die Kraft, eine Gruppe oder ein gemeinsames Anliegen solidarisch und wirkungsvoll zu einigen, kann nur von einer charakterfesten Persönlichkeit aufgebracht werden. Vielleicht bist du es, vielleicht jemand anders.**

Neun als sechste Linie bedeutet: Die Gefahr besteht, daß deine Kommunikation kraftlos geworden ist. Du wirst zwar wahrgenommen, aber niemand wendet genügend Energie auf, um dir wirklich zuzuhören.

62 Angemessenheit

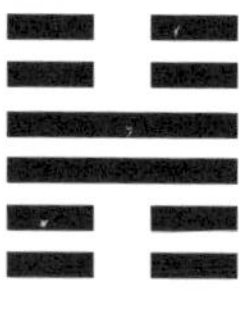

Dschen: Der Donner

Gen: Der Berg

ANGEMESSENHEIT bezieht sich auf sichtbare und unsichtbare Rahmen. Sich mühelos anzupassen, ist eine Grundbedingung für Erfolg. Der kleinere Rahmen ist

günstiger als der größere. Die Akzeptanz dieser Botschaft schafft mit Ausdauer langfristig Erfolg.

Wenn du das Zeichen Angemessenheit erhältst, weist dich das erhabene I Ging auf die unwillkürliche Bewertung eines Platzes hin, den du einnehmen oder nicht einnehmen kannst. Über ein gestecktes Limit darfst du derzeit nicht hinausgehen, weil dir das schaden würde. Dennoch mußt du würdevoll in einer schwachen Position auftreten. Deine Aufgabe sollte es sein, auf ein sehr ehrgeiziges Ziel zu verzichten, um ein anderes zu finden, das dir sehr viel besser entspricht und das dich auch weiterbringen wird.

Das Bild

Tief unten im Tal hebst du den Kopf, weil du von den Bergen ein Donnergrollen wahrnimmst. Aber es berührt dich nicht sonderlich, weil der Donner und der Berg wie eine Einheit erscheinen, die dich nicht weiter betrifft. Du kümmerst dich um das, was unten im Tal passiert, und um deine naheliegenden, alltäglichen Angelegenheiten. Dinge, die dich zunächst nicht berühren, beachtest du absichtlich nicht, damit du deiner eigenen Realität gewachsen bist und diese auch ganz ausfüllen kannst.

Liebe, Glück, Erfolg

愛

Natürlich könntest du die Initiative ergreifen, um das Interesse auf dich zu lenken. Vermutlich aber versanden deine Bemühungen, oder andere mischen sich unerwartet ein. Auch andere denken derzeit so und spielen mit verdeckten Karten.

福

Nicht die Zeit der großen Triumphe. Die Situationen greifen nicht so ineinander, wie du es dir wünschst. Du kannst nur vorsichtig erkunden, wer dir in deinem Umfeld gewogen ist und wer nicht.

Noch bleibst du am besten in voller Deckung – vielleicht mit ein, zwei Ausnahmen. Nicht jeder wünscht dir den totalen Erfolg. Es könnten sich noch etliche Hindernisse aufbauen, für die du den längeren Atem haben mußt.

Die Hinweise in den beweglichen Linien

Sechs als erste Linie bedeutet: Ein junger Mensch, der sein Nest zu früh verläßt, kann Probleme bekommen. Auch große Pläne haben erst dann eine Chance, reibungslos zu funktionieren, wenn sie bereits eine gereifte Patina aufweisen oder jede mögliche Schwachstelle genau bekannt ist.

Sechs als zweite Linie bedeutet: Ein Kontakt zu einer einflußreichen Persönlichkeit kann nicht geknüpft werden, deshalb wendest du dich an die Menschen, die du einfach und ohne Komplikationen treffen kannst. **Vorsichtiges Auftreten ist angesagt.**

Neun als dritte Linie bedeutet: Es wäre wunderbar, wenn du dich jetzt nur um die schönen Dinge in deinem Leben kümmern könntest. Doch genau jetzt mußt du dich sehr vorsichtig umsehen. Während du mit erhabenen Gedanken beschäftigt bist, könnten andere bereits daran arbeiten, dir zu schaden, und du bist wehrlos, wenn es offenbar wird. Beobachte unbedingt sorgfältig alle Bereiche deines Lebens.

Neun als vierte Linie bedeutet: Du hast im Moment nur eine Möglichkeit, nämlich nichts zu tun und innerlich an deiner Stärke zu arbeiten. Mehr kannst du nicht, und mehr sollst du nicht machen. Streiche derzeit deine Pläne und kümmere dich um anderes.

Sechs als fünfte Linie bedeutet: **Trotz großer Bemühungen kommst du nicht voran: Es wäre gut, wenn du Menschen findest, die dir helfen.** Es ist aber nicht der angesagte Typ, der anscheinend die Fäden in der Hand hält, sondern jemand, der Tüchtigkeit auf einem relativ unscheinbaren Gebiet bewiesen hat. Vielleicht solltest du auch das Gebiet, das du dir ausgesucht hast, gegen ein anderes, weniger brillantes austauschen.

Sechs als sechste Linie bedeutet: Entweder wirst du von der großen Energie verlassen, die dich bislang vorangetrieben hat, oder anderes zehrt an deiner Substanz. Ebenso findest du nicht die Kontakte, die du brauchst. Bemühe dich, dies zu akzeptieren und dich entschlossen um Naheliegendes zu kümmern.

63 Nach der Vollendung

Kan: Das Wasser

Li: Das Feuer

Nach der Vollendung erscheint alles heil und gut. Doch es geht weniger um große als um kleine Angelegenheiten. Ausdauer zahlt sich aus. Gefahr des Umbruchs.

Wenn du das Zeichen Nach der Vollendung erhältst, schließt sich ein Kreis, fast ohne daß du noch Einfluß nehmen kannst. Es ist das vorletzte Zeichen des I Ging und suggeriert scheinbar einen Abschluß. Damit ist es hintergründiger als das letzte Zeichen, das die Vollendung eines Kreislaufes noch erwartet. Alles ist perfekt anzusehen und kann gerade deshalb den Keim zur Zerstörung dieser Einheit in sich tragen. Wenn du das uralte Yin-Yang-Symbol lange betrachtest, verstehst du vielleicht, was hiermit gemeint ist.

Das Bild

Ein mit Wasser gefüllter Kessel über dem Feuer ist eine große kulturelle Leistung: Der Mensch hat es verstanden, die Energien der dicht verwobenen Natur – fließende Wasser, einsam aufragende Bäume, Blitz und Donner – zu deuten, zu studieren und sie für seine Zwecke nutzbar zu machen. Denn das Kochen des Wassers ist eine Zeremonie, die zur Geburtsstunde der Zivilisation gehört, von der an neue Herausforderungen entstehen. Je mehr du siehst und begreifst, desto mehr wirst du in komplexe Sachverhalte verwickelt, deren Fragen beantwortet werden müssen. Auch in deinem ganz persönlichen Leben.

Liebe, Glück, Erfolg

愛 LIEBE

Die Kreise schließen sich, sind dabei, sich zu schließen, oder haben sich bereits geschlossen. Du hast keinen Einfluß mehr auf die Situation, die dein liebendes Herz derzeit so stark klopfen läßt.

福 GLÜCK

Es gibt Dinge, die du nicht ändern kannst. Selbst wenn du alle Kraft einsetzen würdest, so ist doch die Zeit dagegen. Warum – das wirst du erst sehr viel später erfahren. Es gibt keinen Grund, an dir zu zweifeln, es sei denn, du verspürst Anlaß, in dich zu gehen.

富 ERFOLG

Falls du auf eine Entscheidung wartest – sie wurde bereits getroffen. Letztlich kann nicht jederzeit auf einen fahrenden Zug aufgesprungen werden. Allerdings bist du dringend aufgefordert, stets das Beste zu erwarten.

Die Hinweise in den beweglichen Linien

Neun als erste Linie bedeutet: Du bist in Schwung und solltest auf die Bremse treten. Dazu ist eine außerordentliche Beherrschung des Charakters erforderlich, weil sich emotionales Handeln schnell klügerer Einsicht entzieht. Vielleicht machst du gerade einen kleineren Fehler. Wenn das so ist, ist es nicht so gravierend.

Sechs als zweite Linie bedeutet: Die Gesellschaft ruft gerne nach wagemutigen und erfindungsreichen Menschen, weil sie sich von diesen eine Erneuerung verspricht. Doch geht von diesen Menschen auch oft eine beängstigende Wirkung aus, weil sie alte Vorstellungen durch neue ersetzen könnten. **Verschiebe deine Erfolgserwartungen lieber auf später, weil du zur Zeit nicht mit Rücksichtnahme rechnen kannst.**

Neun als dritte Linie bedeutet: Hier wird dir gesagt, daß es immer noch Rückfälle in frühere chaotische Zustände geben kann, auch wenn alles Widrige überwunden scheint und eine neue Zeit bereits besiegelte Sache ist. Deshalb mußt du dir deine Freunde und Ratgeber sorgfältig aussuchen, bewußt mit deinen Gedanken umgehen und immer vorsichtig sein.

Sechs als vierte Linie bedeutet: Eine Situation, in der etwas Übles ans Licht der Öffentlichkeit zu gelangen droht: Es wird von maßgeblicher Seite vertuscht. Dennoch sind die Menschen, die davon wissen, gelinde gesagt, schockiert, halten aber solidarisch zusammen. Sie werden in der Zukunft besser aufpassen.

Neun als fünfte Linie bedeutet: Du willst dich vergewissern, ob das, was du da anbietest, auch etwas wert ist. Dabei überlegst du, was die anderen so anbieten und wie sich der Vergleich ausnimmt. Aber es geht nicht um Großartigkeit, sondern um die Leidenschaft und innere Seele, die du deinen Angelegenheiten verleihst.

Sechs als sechste Linie bedeutet: Du willst eine gefährliche Zeit mit vielen Hindernissen hinter dir lassen und läßt dich – obwohl du dich eigentlich entspannen könntest – wieder auf die beschwerlichen Umstände innerlich ein. Sei gewarnt: So könntest du einen Rückfall erleben. Deshalb verzichte einfach darauf und sieh dir die schönen Seiten deines neuen Lebens an.

64 Vor der Vollendung

LI: DAS FEUER

KAN: DAS WASSER

VOR DER VOLLENDUNG – die sich abzeichnet – herrscht Freude. Die Gefahr des Leichtsinns besteht. Falls das verhindert werden kann, beginnt ein neuer Abschnitt.

Wenn du das Zeichen VOR DER VOLLENDUNG erhältst, wird sich ein Kreislauf schließen. Fast alles ist bereits von einem vielleicht sehr chaotisch erscheinenden in einen geordneten Zustand transformiert worden. Das Zeichen gleicht dem vorhergehenden. Es ist das letzte der insgesamt 64 Zeichen und vermittelt Hoffnung, weil ein Höhepunkt noch aussteht. Die unterste Linie, eine durchbrochene Yin-Linie, ist eine weiche Linie und zeigt die immer noch sehr große Bereitschaft, sich beeinflussen zu lassen. Das beinhaltet sowohl die Gefahr wie auch die Chance einer plötzlichen Veränderung in letzter Sekunde.

Das Bild

Denke an einen Sonnenaufgang am Meer. Binnen kurzer Zeit steigt der Feuerball scheinbar aus dem Wasser nach oben, und dennoch behält das Wasser seine ruhige Balance. Die beiden Elemente Feuer und Wasser erscheinen gemeinsam, wirken aber in keiner Weise zusammen. Doch es ist möglich, daß beide Elemente aufeinander einwirken, wie es im vorhergehenden Zeichen Nach der Vollendung in der Kultur schaffenden Leistung des Menschen zu erkennen ist. Diese wiederum beruht auf einem Akt des Erkennens, der Assoziation und der Definition eines konkreten Ziels. Das ist der Zeitpunkt Vor der Vollendung.

Liebe, Glück, Erfolg

Die schönsten Momente sind eben immer die kurz davor! Vor dem ersten Date oder vor dem ersten Kuß oder vor der ersten Liebeserklärung. Nicht zuviel erwarten und vor allem nicht aufgeregt werden ... das ist natürlich wie immer der weise Ratschlag des I Ging.

LIEBE 愛

Alles ist drin, und alles ist Zen. Du hast hier und jetzt die Chance, das Leben als das Spiel zu begreifen, das es ist, und tatsächlich etwas Weisheit in dein Leben und Denken zu integrieren. Leuchtende Wünsche werden befördert.

GLÜCK 福

Du mußt dich nicht vorantreiben. Die Zeit arbeitet für dich und hat bereits die Richtung bestimmt, in die du zukünftig gehen wirst. Wenn du sie schon kennst, ist es super. Wenn nicht, laß dich überraschen. Das I Ging heißt nicht umsonst Das Buch der Wandlungen.

ERFOLG 富

Die Hinweise in den beweglichen Linien

Sechs als erste Linie bedeutet: Deine Zeit ist noch nicht gekommen, und deshalb solltest du jetzt deinen Elan nicht unnötig aufs Spiel setzen. Zurückweisungen verringern deine Chancen. Drossele deine Bemühungen.

Neun als zweite Linie bedeutet: Du mußt weiterhin auf die Bremse treten und deine Erwartungen zurückschrauben.

Es wird auch nicht einfaches Warten verlangt, sondern die konkrete Ausarbeitung deiner persönlichen Power. Die Disziplin, die du erlernst, heißt Geduld.

Sechs als dritte Linie bedeutet: Der Zeitpunkt ist sehr positiv für dich, aber dir wird auch klar, daß deine Energien erschöpft sind. Wenn du keine Hilfe bekommst, solltest du lieber pausieren. Dennoch würde es sich lohnen, Hilfe zu organisieren. Und dann erneut das Ziel anzugehen.

Neun als vierte Linie bedeutet: Setze jetzt alles daran, dich in deiner Entscheidung für dich selbst zu stärken. Was auch immer das ist. Es gilt, eine langwierige Entwicklung, die überfällig ist, zu einem glücklichen Ende zu bringen. Dieses Ende wird für deine Zukunft von großer Bedeutung sein.

Sechs als fünfte Linie bedeutet: **Du erreichst, was du dir wünscht** – und es ist sehr viel, was du dir gewünscht hast. **Du zeigst dein ganzes Licht, und deine große Ausstrahlung hilft dir**, genügend Menschen zu finden, die dich in einer neuen Rolle bestätigen.

Neun als sechste Linie bedeutet: Du bist dir so gut wie sicher, ein wichtiges Ziel erreicht zu haben. Deine Freude ist so groß, daß du dies mit deinen Freunden bereits feierst. Eigentlich ist nichts dagegen zu sagen. Nur gibt es einen winzigen Punkt, den du spüren mußt, an dem genau dieser entstandene Übermut einfach zu viel ist und sich deine günstige Situation wie ein Spuk in Luft auflösen könnte.

Hier schließt das BUCH DER WANDLUNGEN, dessen Belehrungen sich in einem ewigen Kreislauf befinden.

Tabelle zum Auffinden der Orakel

Oberes Trigramm / Unteres Trigramm	KIEN	DSCHEN	KAN	GEN	KUN	SUN	LI	DUI
KIEN	1	34	5	26	11	9	14	43
DSCHEN	25	51	3	27	24	42	21	17
KAN	6	40	29	4	7	59	64	47
GEN	33	62	39	52	15	53	56	31
KUN	12	16	8	23	2	20	35	45
SUN	44	32	48	18	46	57	50	28
LI	13	55	63	22	36	37	30	49
DUI	10	54	60	41	19	61	38	58

Du ermittelst die Antworten des I GING, indem du das untere und obere Trigramm, das du aufgezeichnet hast, jeweils einzeln in der Tabelle suchst:
In der senkrechten Spalte suchst du nach dem unteren Trigramm, in der waagerechten Spalte suchst du nach dem oberen Trigramm.
Der Schnittpunkt dieser beiden Spalten zeigt die Nummer des gesuchten Orakels.
Diese Zahl oder Ziffer notierst du neben oder unter deiner Aufzeichnung. Wenn du ein zweites Zeichen erhalten hast, verfährst du ebenso.
Jetzt kannst du im Buch nachsehen, welche Antwort dir das I GING auf deine Frage gibt.

KÖNIGS FURT

bewusster leben

Noch mehr Liebe, Glück und Erfolg

Das Fünf-Minuten-Glücks-Tarot
78 Karten mit Deutungstexten auf den Karten
ISBN 3-89875-703-X

Das Fünf-Minuten-Kraft-I-Ging
64 Karten mit Deutungstexten auf den Karten
ISBN 3-89875-704-8

Richard Witthüser: **Ein Engel für dich**
32 Inspirationskarten mit Bild und Text
ISBN 3-89875-723-4

Harald Jösten: **Der neue Schlüssel zu den Karten der Mme. Lenormand**
Buch + 36 Lenormand Wahrsagekarten:
ISBN 3-89875-687-4
Buch separat: ISBN 3-89875-688-2

Lenormand Wahrsagekarten
ISBN 3-89875-727-7

Lenormand 1880 Orakelkarten
ISBN 3-89875-607-6

I-Ging Orakelkarten
ISBN 3-89875-601-7

Zigeuner Wahrsagekarten
ISBN 3-89875-609-2